いちばん大事な生き方は、伊勢神宮が教えてくれる

吉川竜実

サンマーク出版

プロローグ

今、新しい時代に向けて大きな変化が次々に起きています。先が見通せないなか、疫病や災害などの厄災を不安とともに受け止めている人も多いかもしれません。

しかし、日本人はこれまでの歴史のなか、幾度となくこうした混迷の時代をくぐり抜けてきました。そのたびに、私たちの祖先は見事な復活を遂げてきたのです。

そんな歴史のなかで**幾たびとなく日本という国を守り、この地に暮らす人々の心の支えとなってきたのが神道であり、伊勢神宮です。**

私は現在、その伊勢神宮で禰宜（ねぎ）として神事にあたりつつ、神宮司廳（しちょう）の文化部長を拝命し、神宮徴古館・農業館館長、せんぐう館館長も務めさせていただいています。

早いもので、奉職して三十年が過ぎました。この本では、私が一神官として伊勢神宮での実践のなかから学び取った神道について、そしてその知恵を人生に生かす方法について、お伝えしていきたいと思います。

伊勢神宮は、**全国に八万社以上あるといわれる神社の中心に位置します。**親しみを込めて「お伊勢さん」「大神宮さん」と呼ばれることもありますが、正式名称は「神宮」。天照大御神を祀る内宮（皇大神宮）と豊受大御神を祀る外宮（豊受大神宮）を中心にした百二十五社の宮社で構成されています。

天照大御神は皇室の祖先神であり、日本人の大御祖神。地域を守る氏神のリーダーである「総氏神」として、日本人すべてを守ってくださる神さまです。

豊受大御神は、衣食住をもたらす産業の守り神として、私たちの豊かな暮らしを支えてくださっています。

奈良時代成立の日本最古の正史『日本書紀』によれば、伊勢神宮の創祀は内宮が二千年前、平安時代成立の『止由気宮儀式帳』によれば、外宮が千五百年前にさかのぼ

ります が、**創祀以来一日も欠かすことなく、皇室の繁栄、国の平和と発展、そして国民の幸せが祈られています。**毎日二回、今日もまたこの祈りは続いているのです。

ドイツの建築家ブルーノ・タウトは、「古代の遺跡」であると思っていた伊勢神宮が、今でも信仰を集める聖地として機能していることに驚きました。

また、イスラエルの聖書研究家アンドレ・シュラキは、伊勢神宮に参拝された際に次のような発言をされました。

世界の聖地といわれるところへはたくさん行った。そのなかで私が感動した神殿は五つ。エルサレムの神殿跡、ペルーのマチュピチュ神殿。ギリシャのデルフォイ神殿。しかしそれらは観光客で賑（にぎ）わっているが廃墟だった。あるいは、祈りが捧（ささ）げられていても昔の神殿そのものではなかった。北京の紫禁城も美しいが博物館になっている。

だが、伊勢神宮は生きている。

彼らがいうように、**伊勢神宮は昔も今も日本人の憧れと崇敬の対象であり、「心のふるさと」であり続けてきました。**

とくに、庶民が旅をするようになった江戸時代には、「一生に一度はお伊勢さん」といわれ、お伊勢参りが流行しました。江戸後期文政十三年には、半年で四百六十万人もの参拝者を記録しています。当時の人口比率でいえば、じつに六人に一人が参拝したことになります。

現代でも、一年間に訪れる人は八百万人にのぼり、東京ディズニーランドに次いで全国二位を誇ります。

なぜ、伊勢神宮はこのように人々の心を惹きつけてやまないのでしょうか。平安時代の歌人、西行が伊勢神宮を訪れた際に詠んだ一首が、その答えを示唆しています。

何事のおはしますかは知らねどもかたじけなさに涙こぼるる

どのようなご存在がいらっしゃるかわからないが、ただただありがたさと畏れ多さに涙がこぼれる。はるばると伊勢を訪れた参拝者はみな、このように感銘を受けたのでしょう。そしてその感激が時代時代で語り継がれ、伊勢神宮へと人々を向かわせたのかもしれません。

この本では、伊勢神宮の歴史と魅力、そして神職である私が感じ取った伊勢信仰の意味についても、たっぷりとご紹介していきたいと思います。

三十年以上も伊勢神宮にお仕えして、私自身が体験し学んできたのは、**神道のもつ独特な世界観・宇宙観・人間観です。**それはとりもなおさず日本人の生き方の根幹をなすものであり、私たちがこれからの時代を生きる上で忘れてはならない大切な実践哲学を教えてくれます。

くわしくは本章でお伝えしていきたいと思いますが、ざっくりと神道のもつユニークな考え方をご紹介してみましょう。

まず、神道では、**人はそのままでパーフェクト、完璧な存在であるととらえます。**世界の多くの宗教が、人は罪深い存在であり、神さまの助けがなければ生きられないと説くのに対して、神道では人間はもともと神の「分身」であり、完璧な存在だとされてきたのです。

したがって、神道には「修行」もなければ、「悟り」もありません。そもそも完璧な人が、修行をする必要性はないと思われるからです。

しかし、本来はパーフェクトな存在であっても、人はときにストレスをためたり、ネガティブな思いを抱いてダメージを受けることもある。そのとき、人を正常（＝清浄）な姿に戻してくれるのが神社であり、「お清め」や「お祓い」なのです。人を本来の「神」である自分に戻してくれるシステム。それが、神道といってもよいのです。

そして、神道では人が一方的に神々から教えや恩恵をいただくだけでなく、神と人とは「双方向」であるととらえます。

神さまに感謝と祝福を捧げることで、人は「ひらめき」や「直感」を受け取る。そ

れに従って行動することで夢や願いがかなっていく。これが神と人との関係性です。

そのような神さまを一言で表すなら、やさしい「おじいちゃん、おばあちゃん」のような存在だといえるでしょう。

おばあちゃんが孫をあたたかく見守るように、神さまも人々の思いをおおらかに受け止め導いてくださいます。相談ごともできれば、悩みを打ち明けることもできる。それが日本の神々なのです。


また神道の大切な教えのひとつに、**「今、この瞬間こそが、理想の世界だ」**というものがあり、これを「神代（かみよ）在今（いまにあり）」という言葉で表しています。「今」という瞬間の一点に、過去、未来、現在すべての時間が集約されているのです。

現代人の悩みや不安の多くが、過去への後悔と未来への不安から成り立っています。そういう人たちにとって、神道の教えは、人生をよりよく生きる知恵に満ちあふれているといってもよいでしょう。

そういう神道には、ゆるやかな決まりごとはありますが、厳しい教義や戒律はありません。神道は「自由」で「任意的」ともいえる信仰であり、神々から直感とひらめきを受け取り、楽しく充実した毎日を送るためのシステムなのです。

神道には、神々の世界とつながり、笑顔で楽しく暮らしていくための知恵が詰まっています。本書では、伊勢神宮の魅力とともに、日本人なら誰でも知っておきたい神道の知恵について、お伝えしていきたいと思っています。

ぜひみなさんがご自身の感性で自由に神々の存在を感じ取っていただき、これからの人生を、明るく豊かにする方法を学んでいただければ幸いです。

いちばん大事な生き方は、伊勢神宮が教えてくれる——目次

第2章 日本人は神道とともに生きてきた

第3章　神々と交流してよりよく生きる

第4章 今も生き続ける神代の世界

第5章 神道的生き方のすすめ

ブックデザイン　水崎真奈美
カバー、本文写真　神宮司庁
本文DTP　朝日メディアインターナショナル
編集協力　乙部美帆
構成　江藤ちふみ
編集　斎藤竜哉（サンマーク出版）

第1章

伊勢神宮には日本人の原点がある

伊勢神宮にはありのままの自然が残っている

伊勢神宮というと、みなさんはどんな風景を思い浮かべるでしょうか。

大鳥居からまっすぐに伸びる橋。その橋の向こう岸に鬱蒼と茂る森……そんな写真を見たことがあるかもしれません。伊勢神宮には内宮と外宮がありますが、これは内宮の入り口、五十鈴川にかけられている宇治橋です。

宇治橋は、じつは俗世界から聖なる世界への架け橋です。参拝者は宇治橋を渡って、聖域である宮域へと向かいます。昔の人は、この宇治橋で川風を受けた時点で清められると考えていました。

それでは、宇治橋を渡って、もう少し参道を進んでみましょう。

川風を感じながら橋を渡ると、参道は川に沿って右奥へと続きます。やがて、五十鈴川のほとりにある「御手洗場（みたらし）」が見えてきます。川の流れに向かって、石を敷き詰めたゆるやかな段が築かれています。

一般の神社では、境内入り口に手や口を清める「手水舎（てみずしゃ）」が設置されていますが、伊勢神宮では通常の手水舎にあわせて、もうひとつ清めの場があります。それが、この五十鈴川です。川の水に直接手を浸し、その清流を汲（く）んで心身を清めていただくことができるのです。

五十鈴川の両岸には神宮の森の木々が広がり、四季折々の風情を伝えています。御手洗場は、涼やかなせせらぎに耳を傾けながら伊勢の自然を感じていただけるスポットです。

深い緑に囲まれた参道を、参拝者の人たちは、敷き詰められた玉砂利を踏みしめながら正宮へと向かいます。

参道をもう少し進むと、ちょっと不思議な光景を見ることができるでしょう。おおぜいの人が行き交う参道の中央に、どっしりとした大木が立っています。

ある欧米のお客さまを案内し、この巨木の前に来たときのこと。その方は不思議そうな顔をして、こう尋ねました。

「エンペラー（天皇）の祖先神を祀る場所の参道の真ん中に、なぜこんなに大きな木があるのですか？　普通は伐るでしょう」

なるほど西洋ではそのような発想をするのかと、文化の違いに驚きました。たしかに参道の中央に大きな木があれば、人間は脇によけなければなりません。便利さや景観だけを考えれば、伐ってしまえという発想になるでしょう。

しかし、宮域では大切に守られているひとつのルールがあります。木の伐採や植え替えはせず、**できるかぎり「あるがまま」の状態を保つということです。**

自然との調和とは、人間の都合を優先して成し得るものではない。何より伊勢神宮の森は、日本という国全体を守る鎮守の森である。私たちはこう考えています。だから、落ち葉は焼かずに森へ返します。台風などで木が倒れたら、なるべく樹齢の近い同種類の木を山で探し、同じ位置に植え直します。

また案内板や表示なども、最小限にとどめています。大正天皇が皇太子時代にお手植えなされた松でさえ特別な看板はなく、周囲の景色と溶け込んでいるほどです。社殿の御用材もすべて、皮を剥(は)いだだけの素木(しらき)を使用。ごまかしのきかない素木ならではの美しさは、宮域の森の中で幽玄な雰囲気を醸し出しています。

人工物が少ないのは、訪れた方になるべく伊勢の自然をそのまま感じていただきたいという思いからです。しかしその奥には、神道の根幹ともいえる大事な考え方があります。

神道では、山や森全体、その中に育つ一木一草に神（精霊）が宿ると考えます。

ですから、伊勢をはじめとする日本の神社では、自然の樹木や植物をむやみやたらに伐ったり刈ったりすることはありません。むしろ、大きくなった木と調和するような石組みが造られたり、木を守るための垣根が施されたりしています。精霊（木霊）が宿る植物を人間の都合で伐ったり、植え替えたりすることは、ありありません。その森をあるがままの姿で守り継ぐのも、私たちの役目なのです。

宮域の凛とした空気を吸い込み、視界に飛び込む緑を愛で、吹いてくる風に触れながら歩く。ただそれだけで、伊勢の森の豊かさは十分に感じていただけます。参拝されたみなさんは一様に、「気持ちいい」「落ち着く」「すがすがしくなる」とおっしゃいます。

あるがままの森と社殿が渾然一体となって醸し出す宮域のおもむきを、まずはぜひ感じていただけたらと思います。

癒しの「高周波」に満ちている伊勢の森

以前、伊勢神宮を訪れた環境学者の方が、宇治橋を渡って宮域の森を一見するなり、こうおっしゃいました。

「この森は、ジャングルと同じパターンをもっている」

亜熱帯でもない伊勢市でそんなことがあるのだろうかと思わず聞き返しましたが、さまざまな樹木や草花が自然そのままに生きている植生の多様さは、ジャングルそのものだとのことでした。

伊勢神宮の森は、総面積五千五百ヘクタール、東京ドーム千二百個分。パリ市街や世田谷区とほぼ同じ面積です。参拝の方々にお越しいただける約七ヘクタールの宮域にも深い森が広がり、樹齢七百年にも及ぶ木々もそびえています。

ハワイでマングローブの森の保護活動をしているボランティアの方からは、「こんな森は、ハワイでも見たことがない」という言葉をいただきました。

その言葉どおり、伊勢の森には伊勢志摩地方の生態系がそのまま残っています。森で観測されている動物は約二千八百種類、鳥類は約百四十種類にも及び、一説によると伊勢の植物はイギリスの五十倍もの種類があるといいます。

このような豊かな自然が残された森の中を歩くとき、参拝者の心を癒すのが、さまざまな音です。葉ずれの音、鳥のさえずりや羽ばたき、虫の羽音、五十鈴川のせせらぎ、そして宮域を歩く方たちが踏みしめる玉砂利のリズミカルな音……。

以前おこなわれたある調査で、伊勢の森の発する環境音には秘密があることがわかりました。その秘密を解き明かしたのは、脳科学の研究グループです。「脳にやさしい街づくり」のための技術開発に取り組んでいたそのグループは、特殊な装置で世界各地の環境音を収録し、分析調査していました。そのなかで、日本を代表する自然豊かな環境音の収録地として、内宮の宮域が選ばれたのでした。

すると、意外なことがわかりました。**伊勢の森は、「聞こえない音」であふれていたのです。**その「聞こえない音」がもたらす効果は、ハイパーソニック・エフェクトと呼ばれます。人間の耳ではキャッチすることのできない「高周波の環境音」です。

ふだんは気づきませんが、私たちの環境には、「聞こえない音」が飛び交っています。たとえば、コオロギが羽をすり合わせるかすかな音や、風がそっと木立を通り抜けていく音……。耳では聞き取れないそれらの「音」が、環境音です。

この環境音は、生き物の脳や体に大きな影響を与えます。

バリ島やアマゾン奥地などをはじめとする赤道直下の熱帯雨林には、巨大な動植物が育ちますが、その理由は日光の熱エネルギーだけでなく、このハイパーソニック・エフェクトも影響していることが最新の研究で明らかになっています。

人間も全身で環境音を感じ取るそうです。ハイパーソニック・エフェクトは、生活習慣病や精神バランスの調整に効果があることがわかっています。また、ストレスを軽減し、免疫力を上げることも実証されています。

実験によると、伊勢の森が発している高周波の環境音は、バリやアマゾン並みだということがわかりました。赤道から三十度以上も高緯度に位置する伊勢が、熱帯雨林と同レベルの高周波を発し、似たような曲線を描いている。これは、驚きに値するといっていいでしょう。

このように、伊勢の宮域は耳に届くさまざまな自然音のほかに、高周波の環境音が加わり、二十四時間三百六十五日、まるで交響楽のようなＢＧＭが奏でられているのです。

私自身、神さまに日々仕えるなかで、この森のもつ神聖さと荘厳さを肌で感じ、ときに圧倒されてきました。その理由の一端が、この実験結果で理解できたように思います。

伊勢の「音なき音」は、境内の自然もさることながら、じつは、そこにおわします神々と、長きにわたって人々が捧(ささ)げてきた祈りの蓄積があるからこそ、醸し出されたのではないか。あくまでも私見ですが、そう思います。

ハイパーソニック・エフェクトの効果を得るには、少なくとも二十〜三十分は森の中にいるのが望ましいそうです。

森が発する「音なき音」を意識してゆったりとたたずみ、全身に染み込ませてみてください。**それが、お伊勢参りの第一歩です。**そのときすでに、俗世を離れて、神さまの息吹を浴びているのです。

「森の民」であり「海の民」だった古代日本人

神宮の森に入ったとき、心身の緊張がほぐれて、どこか懐かしい気持ちになるのはなぜでしょうか。**日本人に「縄文人のDNA」が色濃く残っているからではないかと私は思っています。**縄文のDNAとは、「森の民の遺伝子」といってもいいかもしれません。

縄文人は森との関わりのなかで暮らしました。その子孫である私たちもまた、一言でいえば「森の民」なのです。

伊勢でなくても、近くの森や山の中に入ってホッとしたり、懐かしいと感じたりすることはないでしょうか。あるいは、町中の街路樹や公園の緑に癒されることはないでしょうか。

それは、私たちのなかにある縄文時代の遺伝子が反応しているといえるかもしれません。

日本を訪れた外国人が道を歩いていて、よく驚く光景があるそうです。

それは、**民家の前に植木の鉢や草花のプランターがずらりと並べられていること。**

たしかに東京の下町などで、路地の両脇に所狭しと並ぶ鉢植えの列をよく見かけます。また一人住まいであっても、ベランダで野菜や花を育てている人はたくさんいます。

そのような光景を見て、海外から来た人は「そこまでして植物を育てたいのか」とめずらしがるのだそうです。

しかしこれらは、日本ではごく普通の風景です。やはり日本人は、他の民族よりも自然に対する愛着を強くもっているといえるでしょう。

さらに私たちは、自然に対する感性もひじょうに豊かです。たとえば、蟬（せみ）や鈴虫の鳴き声に季節の風情を感じ、波音や雨音も心地よいと感じます。しかし海外の人にとってそれらの音は、たんなる雑音にしかすぎないといいます。

もうひとつ、日本人の自然への感性を培った要因があります。農耕の開始です。日本の農耕は、縄文時代から始まっています。稲作は縄文時代からおこなわれ、弥生時代を経て日本に根づきました。

日本人は、森の民であると同時に、お米をはじめとする農作物を作り続けてきた農耕民族でもあるのです。自然を繊細に感じ取らなければ、豊かな収穫は望めません。祖先たちが自然に対する感性を研ぎ澄ませていったのは、当然のことでしょう。

ただ、私たち日本人は農耕民族であるのみならず、「海洋民族」でもあるということも忘れてはいけません。

いうまでもありませんが、日本は四方を海に囲まれた国です。早くから海運が発達し、海外との交流もおこなわれてきました。そのなかで、船大工の高度な技術が生まれます。

伊勢神宮の宇治橋も、じつは船大工の特別な技術によって造られたものです。雨でゆがんだり湿気で傷んだりしないよう、高度な工夫が凝らされていますが、それには船大工の卓越した技術が生かされているのです。

湿度の高い日本では、船を造る技術がそのまま陸の建築物に応用できました。桂離宮などをはじめとするすぐれた建築物を造った大工のルーツは、船大工に行き着くということは、すでに定説です。

農耕民族のイメージの強い日本人ですが、実際の暮らしは、古代から半農半漁でいとなまれてきました。当然ながら、その精神性にもふたつの民族の特徴が見られます。土地に根ざして地道に生きる農耕民族と、大海原を舞台にして漁や航海をする勇壮な海洋民族。私たちには、ふたつのアイデンティティーが融合しているのです。

だからこそ、明治維新や戦後の経済復興など、ダイナミックな歴史の転換を何度も起こすことができた。これは日本人の強みのひとつとして、心に留めておくべきことだと思います。

そうした日本人の強みを凝縮させた文化の一端を今でも見ることができるのが、伊勢神宮なのです。そこには、古来日本人が守ってきた技術と暮らしが息づいているのです。

参拝はおばあちゃんに会いに行く感覚でいい

さて、五十鈴川の流れに沿って豊かな伊勢の森に抱かれた参道を八百メートル近く歩くと、左手に回り込んで登っていく広い石段が見えてきます。石段を登りきったところが天照大御神(あまてらすおおみかみ)をお祀りする正宮です。巨大な茅葺(かやぶ)き屋根に十本の鰹木(かつおぎ)が並ぶ姿は唯一神明造(ゆいいつしんめいづくり)といって、古代の建築様式を今に伝えています。

二千年の歴史を刻む伊勢神宮にお参りするとき、私たちもかつてのご先祖さまと同様、神々との強い絆(きずな)を結ぶことができます。私たちはどんな心がまえで神前に向かえばよいのでしょうか。

「宮域に入ったら、手水を使って心身を清める」「拝殿前では、二礼二拍手一礼する」などの決まりごとはもちろんありますが、細かな決まりごとにとらわれすぎたり、力んだりする必要はありません。むしろいちばん大切なのは、心をゆるめて、リラックスしてお参りいただくということです。

たとえていうなら、**懐かしいふるさとの田舎のおじいちゃん、おばあちゃんに久しぶりに会いに行くような感じです。**大好きなおばあちゃんに会えるときに、どんな心持ちがするでしょうか？「久しぶりに会えてうれしいな」と楽しく、ウキウキした気分になるのではないでしょうか。


じつは、これが神さまに喜ばれるお参りの基本です。伊勢神宮の宮域に足を踏み入れて森の雰囲気や神気に触れ、「どこか、すがすがしい気持ちになった」「ふるさとのおばあちゃんの家に来たような懐かしさが湧いてきた」と感じていただいただけで、百二十パーセント「正解」だと私は思っています。

講演などでこのようにお話しすると、「そんなに、なれなれしい感じでいいんですか⁉」と目を丸くされることもあります。しかし、**神々への慕わしさと畏敬の念さえあれば、神前でのあり方にはＮＧはないのです。**

神社での作法は、「絶対に守らなければ、許されない」といった戒律的な意味合いがあるものではありません。「そのようにすると心が落ち着き、神さまへの敬意を表せる」「そのとおりにしてもかまわない」という意味で、ひとつの目安として定められているものです。

では、作法を守る目的とは何でしょう。それは、神前におもむく心の準備をするということです。手や口を水ですすいだり鳥居の前で頭を下げたりすることで、気持ちが洗われ、心身ともに日々の汚れが祓（はら）われて自分自身が整います。

ですから、手順を間違えてはいけないと緊張したり、作法を守れなかったからバチがあたるのではと心配したりするのは、本末転倒です。

万が一、手順を間違えても神さまが叱ることはありません。おばあちゃんは、孫が何かを上手にできなくても「一生懸命やったね」とほめて励ますものです。

もちろん私たち神職が神事をおこなう際には、決められた作法や立ち居振る舞いを厳粛に守ります。

しかしおもしろいことに、神事に関わる経験が重なれば重なるほど、作法を守りながらも無駄な動きがなくなります。そして、まるで舞を舞っているかのような、あるいは神さまと遊んでいるかのような、調和のとれた振る舞いになっていくのです。

茶道や武道などと同じように、その精神を理解しながら経験を積み重ねていくと、自然な立ち居振る舞いが自分のものになっていくのでしょう。

神さまを敬う心が育まれていけば、ほかの人への気配りができるようになるかもしれません。たとえば手水舎で手や口をすすいだあと、家族や親しい人が隣にやってきたら自分が持っていた柄杓（ひしゃく）で水を汲み、その人の手に水を注いであげてもいいのです。

相手は、自分が柄杓を持たずに手と口を清められるわけですから、それは「最上の手水」ということになります。

日本人はもともと、豊かな感性と相手を思いやる心をもっています。神さまへの敬愛の念や他者との調和を、このように自然な振る舞いのなかに表せる人が増えていけば、神さまもきっと喜ばれるのではないでしょうか。

祈りとは神さまに対する最大のプレゼント

参拝の作法よりも大事なこと、それは神前で捧げる祈りの心です。**祈りこそが、私たちが神さまに差し上げることのできる最大のプレゼントなのです。**

もちろん神さまに祈りを捧げるときは、感謝とあわせて願いごとをお伝えしてもかまいません。

「神社では感謝だけを伝えるようにといわれたのですが、お願いごとをしてはいけないのでしょうか」と尋ねられることがありますが、そんなことはありません。思う存分、願いごとをしてください。

おじいちゃんおばあちゃんが孫に贈り物をしたいと思っているように、神さまも人間のためにできることはないかと思われています。ですから、遠慮なく願いを伝えていただいてかまいません。

そもそも、**「願う」という言葉の語源は「ねぐ」（なぐさめる・いたわる・ねぎらうの意）です。**つまり、願うという行為には、神さまに感謝する意味が含まれているのです。願いごとによって神さまをねぎらえるのですから、ぜひ参拝ではあなたの言葉で願いを伝え、日頃の感謝を届けていただきたいと思います。

鎌倉時代、武家のためにつくられた法律書「御成敗式目（ごせいばいしきもく）（貞永式目（じょうえいしきもく））」第一条には、「神は人の敬（うやまい）によりて威を増し、人は神の徳によりて運を添ふ」とあります。

「敬」とは、まさしく祈りそのもの。いい換えれば、私たちの意識や思いです。人間が神さまに祈りを捧げ、感謝の思いを向ければ、神さまの力はますます大きくなる。そのパワーがフィードバックされて、神さまの徳が人間にもたらされ、運が開ける。

つまり、神さまの恩恵を受けている私たちが願いごとを通してその労をいたわり、ねぎらわれて力を得た神さまからの恵みを、また人間がありがたくいただくという循環ができるということです。

日本人は、このしくみをすでに鎌倉時代から理解し、法律のいちばん始めに定めていたわけです。

ときに「一般の神社ならともかく、皇室ゆかりの伊勢神宮は神社の最高峰。特別な場所なのだから、個人レベルの願いごとをする場ではない」などとおっしゃる方もいます。

たしかに伊勢神宮の正宮は、本来、公の祈願（神事）をおこなう場であり、参拝者は感謝の気持ちを伝えるのが昔からの習わしであったといいます。だからといって、個人的な願いごとをしてはいけないという決まりはありません。

自分の心に従って、素直な気持ちで浮かんでくる願いや心のうちに秘めた思いを神さまに伝えていただければいいでしょう。

ただ、どんな願いごとでもいいというわけではありません。どんなにやさしいおじいちゃんやおばあちゃんも、孫の自分勝手な願いごとは聞いてくれないのと同じで、自分の欲や虚栄心ばかりの願いごとは、神さまには届きにくいでしょう。

神前で願いごとをする際には、**「神さまだったら、自分の願いごとをどう感じるだろうか」**と考えてみてください。ある夢をかなえたいと願ったときに、「おばあちゃんのようなやさしさをもった神さまが、はたして自分のことを思ってかなえてくれるだろうか」「大好きなおじいちゃんやおばあちゃんが、自分の願いごとを喜んでくれるだろうか」と、思いを馳（は）せてみるのです。

このように、自分の心に問いかけてみると、我欲にまみれた願いごとはなかなか聞き入れてもらえないとすぐに気づけるでしょう。神さまに祈りを捧げて願いを伝えるときには、このことを思い出していただきたいと思います。

作法よりも神さまとの交流を楽しんでほしい

おばあちゃんに会いに行くつもりでお参りしてください、と申し上げましたが、実際はどうすればよいのか、迷う場面もあるかと思います。よくご質問いただくいくつかの事柄について、少々説明しておきたいと思います。

まず、願いがかなったあとにお礼参りをしないと神さまに叱られるのか、と心配される方が多いようですが、お礼がないからといって神さまがバチをあてることはありません。それは、おばあちゃんがかわいい孫を罰したりしないのと同じです。

ただし、感謝されれば誰でもうれしいもの。プレゼントをもらった子どもが「おじいちゃん、おばあちゃん、ありがとう！」と無邪気にいうように、ぜひ神さまにも素直に喜びやお礼を伝えていただければと思います。

実際に参拝できなければ、その場で神さまに感謝の気持ちを送るだけでもいいでしょう。すると神さまも、「こんなに喜んでくれるのであれば、またプレゼントをあげよう」と考えてくださるに違いありません。つまりバチを怖（おそ）れるのではなく、**感謝を捧げたほうが「得（＝徳）」だと考えていただくといいでしょう。**

「参道の中央は神さまの通り道なので、歩いてはいけないのですか？」という質問も、よくいただきます。伊勢神宮に関していえば、内宮は右側通行、外宮は左側通行です。

しかしこれは、「神さまがお通りになるから」ではありません。だいたい、神さまが社殿を出られて、外を出歩かれるわけはありません。両宮の参道とも、茶道などでいうところの「下座（しもざ）」（神さまや目上の人に対して敬意を表す位置）を人間が歩くように設計されているので、このように決められているのです。

一般的に、中央を避けて歩くようにといわれているのは、神さまへの敬いの心をもって慎み深く歩くように、という意味だととらえればいいでしょう。


また、多いのはお賽銭(さいせん)に関する質問です。お賽銭をはじめ、神さまに捧げるお金は感謝を表すためのものだと思っていただければよいでしょう。人が神さまに感謝を示す形の最たるものは神事（祭り）ですが、**お金というエネルギーを捧げるのもまた、ひとつの大切な方法です。**

私たちが神さまに捧げたお賽銭は、神社が存続するための維持運営費となり、ひいては、すべての人のためになります。なぜなら、神社は人々の繁栄と平和のために祈りを捧げる公共性を有した場所だからです。

ですから、お賽銭を上げるのは公共のために寄付する行為、全体のためにエネルギーを手渡す行為ともいえるのです。

神仏への寄付に関して、仏教の開祖であるお釈迦（しゃか）さまの興味深い話があります。お釈迦さまは、**「お金持ちよりも、貧乏な人から先にお布施をいただくように」**とおっしゃったというのです。

経済的に余裕がない人は、なかなかお布施（寄付）をすることができません。お布施の機会をつくってあげるのは、彼らに、全体に貢献するチャンスをつくることになるのだ、というわけです。

全体がよくなっていけば、回り回って自分自身にもその恩恵が返ってきます。この構造を見れば、私たちはお賽銭という形を通して、エネルギーの交換をしているといってもいいのかもしれません。

そしてもうひとつ、お賽銭には大事な意味があります。お金というエネルギーを公的な目的のために出すことで、「お祓い」の役目を果たすのです。

ただし、無理をして多額のお賽銭や寄付をすることがよいわけではありません。あくまでも、自分が気持ちよく出せる範囲、無理のない金額を目安にしてください。

お賽銭の作法についてもうひとつ、ちょっと意外な話をお伝えします。一般的には、お賽銭は丁寧に入れるのがベストであり、またマナーだといわれていますが、初詣などの混雑した状況では、遠くからお賽銭箱にお金を入れるのは、けっこうむずかしいもの。ですから、状況によっては遠くから投げ入れてもかまいません（もちろん、人にお賽銭をぶつけないように配慮が必要ですが……）。

神さまに向かってお金を投げつけるのは失礼にあたるのではと、ためらう方もいるかもしれませんが、けっしてそうとはいいきれません。

『日向国風土記（ひゅうがのくにふどき）』逸文には、次のような故事が伝わっています。

瓊瓊杵尊（ににぎのみこと）は、高天原（たかまのはら）から地上へ降りてきたあと、お米を四方に投げ散らかされて、天を晴らされたといいます。

また『古事記』にある神語りでは、伊耶那岐命（いざなぎのみこと）が亡くなった妻である伊耶那美命（いざなみのみこと）に会いたいと黄泉（よみ）の国におもむかれます。そこで伊耶那美命との約束を破り、変わり果てた妻の真の姿を見てしまわれます。

伊耶那美命はお怒りになり、追手を使って追いかけるのですが、このとき伊耶那岐命は、追手に桃の実を投げつけます。これは相手を攻撃したのではなく、桃をお供えされたのだと解釈できます。そのおかげで、伊耶那岐命は地上に逃げ帰ることができたのです。

こうした神話が伝えるように、**投げつけるという行為もまた、立派なお供えの方法のひとつなのです。**神道の考え方は柔軟であり自由であると、この例からも理解していただけるでしょう。

神社での心得とその理由について知っていれば、作法にあまり気をとられることなく、参拝を楽しみ、心ゆくまで神さまとの交流を図れます。ぜひ、今後の参考にしてください。

各国首脳も感じ取られた神道のエッセンス

伊勢神宮の内宮にお祀りされている天照大御神は、日本神話において太陽を象徴される神さまであり、調和と秩序の光をもたらされる神さまです。神道では、人々の繁栄の上にこそ、平和で自由な世の中が築かれると考えます。

平成二十八（二〇一六）年におこなわれた伊勢志摩サミットでは、日本をはじめとするG7各国（日・米・英・仏・独・伊・加）の首脳、欧州理事会議長と欧州委員会委員長が伊勢志摩地方を訪れて首脳会談をおこなった際、そろって伊勢神宮に参拝されました。

このとき、私は横一列になって参道を歩く各国首脳の方々を先導し、正宮（内宮）へと誘導する大役を仰せつかりました。

当日は、あいにくの曇り空でしたが、御垣内での参拝と記念撮影の瞬間には、まるで祝福するかのように、雲間から晴れやかな日光がサッと差したのです。

各国首脳の祈りが太陽の象徴であらせられる天照大御神へと通じ、世界平和と安寧が実現する。この自然現象はその予兆ではないかと、私には感じられてなりませんでした。

その思いは、首脳陣の方々が残されたメッセージを見て、さらに強いものとなりました。参拝ののちに参集殿（参拝者の休憩所）で首脳陣が記念に記帳されたのが、次のような言葉です。

「平和と繁栄を祈る」（日・安倍首相）
「世界中の人々が平和に理解しあって共生できるよう……」（米・オバマ大統領）
「調和、尊重、そして平和という価値観をもたらす……」（仏・オランド大統領）
「豊かな自然との密接な結びつきに……」（独・メルケル首相）
「平和と静謐（せいひつ）、美しい自然のこの地……」（英・キャメロン首相）

そこには、「平和・繁栄・調和・静謐・自然」という五つの共通するキーワードが盛り込まれています。これらはまさに、神道が伝えてきた重要なエッセンスです。

キリスト教を信仰する海外のトップの方々が、宗教や文化の枠を超えて伊勢神宮から神道の大事なエッセンスを感じ取ってくださったのです。この事実は、大変貴重なことだと思います。

伊勢神宮を訪れ、その自然とおごそかな神々の存在を間近にするだけでも、G7首脳陣と同じように、伊勢の魅力と先人が守ってきた文化と伝統を感じていただけるでしょう。

農林水産すべてを支える五十鈴川の流れ

さて、伊勢神宮は五十鈴川なしに語ることはできません。内宮に寄り添うように流れる五十鈴川は、その全長が二十キロほどしかありませんが、その存在は、伊勢神宮にとって欠かすことのできない大切なものです。

なぜなら、**その流れのなかには、日本の根幹を担う「農林水産業」のすべてのいとなみがあるからです。**つまり、この一本の川の恵みによって、農業、林業、そして水産業がすべて成り立っているのです。

それらは伊勢神宮の祭祀（さいし）や日々のいとなみを支える産業であるとともに、古来日本の国を支えてきた産業を象徴しているのです。

五十鈴川の源流は、神路（かみじ）山と島路（しまじ）山。伊勢神宮の管轄する神宮の森（宮域林）のひとつです。緑深いこの山から湧き出た川は、別の神宮林から流れる支流と合流し、内宮横の伊勢市街を通り、伊勢湾へと流れ込んでいます。

神路山をはじめとする神宮林では、おもにヒノキを育てています。二十年に一度の式年遷宮に向けて、社殿の御用材（建造材）を確保するためです。

しかし、植えられているのはヒノキだけではありません。営林部という専属部署の管理のもと、落葉樹と針葉樹を取り混ぜた多種多様な品種が育つ混合林になっています。

効率を考えれば、ヒノキだけを植えればいいと思うかもしれません。なぜ、あえて混合林になっているのかといえば、ふたつの理由があります。単種だけでは、丈夫な木が育ちにくいため。そしてもうひとつが、ヒノキは保水量が少なく、大雨が降ると土砂崩れを起こしやすくなるためです。

また神宮林の一部には、木を伐採することのない神域の森も含まれています。神域の森は、二千年以上前から人の手がほとんど加えられていない場所も多く、伊勢地方の生態系をそのまま残す貴重な森となっています。

このような多様性のある森の土壌は、多数の微生物や菌が生息しています。そこに雨が染み込むと、豊富なミネラル分を含んだ水となって流れ出します。参拝者のみなさまには、この水を使って手や口を清めていただいているというわけです。

しかし、五十鈴川の水が本領を発揮するのはここからです。栄養分豊かな川水は下流域において、神々に捧げるための米や野菜、果樹などを育みます。

伊勢神宮は、基本的に「自給自足」です。それを支えているのが、この五十鈴川なのです。

稲作用の田が神宮神田（しんでん）、野菜や果樹が育つ畑が神宮御園（みその）。ここで収穫された農産物は、毎日二回おこなわれる日別朝夕大御饌祭（ひごとあさゆうおおみけさい）をはじめとする日々の神事の際の神饌（しんせん）（神さまの食事）となります。

神宮神田は四町歩（約四ヘクタール）もあり、チヨニシキやイセヒカリなど性質の異なるうるち米が数種類、その他、もち米や保存用の品種などが栽培されています。また、神宮御園で育てられる野菜や果物は五十種類に及び、一年を通して旬のものを神さまに召し上がっていただいています。

その後、五十鈴川は終着点の伊勢湾の二見浦（ふたみがうら）に流れ込みます。二見浦の海水で作られるのが貴重な塩です。御塩浜（みしおはま）、御塩殿（みしおでん）と呼ばれる製塩所では、昔ながらの手法を守り、ほぼすべて人力で製塩が続けられているのです。

栄養分たっぷりの五十鈴川の水は大量のプランクトンを発生させ、豊かな海の幸をもたらします。伊勢海老（えび）や鯛（たい）、鰒（あわび）や昆布などの海産物も、神さまへの大切なお供えとなります。

とくに、鯛と鰒は、それぞれに干鯛（ひだい）調製所、鰒調製所と呼ばれる加工場があり、これもまた古式にのっとった方法で加工され、納品されます。

当然のことながら、植樹から海産物の加工まで、どの工程も古式どおりの祈りや神事とともにおこなわれ、担当する者はみな、身を清めてみずからの仕事にあたります。


最終的に、伊勢湾に流れ込んだ水がどうなるかといえば、太陽の熱によって蒸発し、雨を降らせる雲となります。

その雨がまた森を潤し、農作物を実らせる。一本の川が山と海をつなぎ、人々の労働が自然の恵みを育む。その循環が、五十鈴川というけっして長くはない川の上流から下流でおこなわれているのです。

日本という国を支えてきた林業、農業、水産業が五十鈴川で完結しているとは、このようなサイクルを指します。自然とともにあった私たち日本人の暮らしと労働が、伊勢では今もなお、神さまを祭るというひとつのシステムのなかで息づいているのです。

神事に捧げるお供えはなぜ自給自足なのか

元旦から大晦日(おおみそか)まで、**伊勢神宮では年間千六百もの神事がおこなわれています。**

毎日おこなわれているのが朝夕二回の日別朝夕大御饌祭です。一年三百六十五日、天照大御神をはじめとする神々に神饌をお供えし、皇室と国の繁栄、国民の幸福を祈ります。

また、春の農耕期が始まる際には豊作を祈る「祈年祭(きねんさい)」がおこなわれ、十月は、その年の新米を天照大御神に捧げて感謝する「神嘗祭(かんなめさい)」がおこなわれます。神嘗祭は、一年を通してもっとも重要な神事です。

四季折々の神事で神々に捧げられるお供えは、農作物や海産物以外も可能なかぎり、自給自足を守り続けてきました。

たとえば、お酒もそうです。日本でもめずらしい例だと思いますが、神宮では正式に酒類製造免許を取得し、白酒（しろき）、黒酒（くろき）、醴酒（れいしゅ）と呼ばれる、神さまに捧げる特別なお酒を醸造しています。私たち神職も順番制で、古式どおりに杜氏の役目を務めます。

このほかに、日々の神事で使われる素焼きの土器（かわらけ）も、土器調製所で独自に作られています。その数、年間六万個。一度使った土器は細かく砕き土に返します。これも古代の決まりごとを、今もそのまま踏襲しているのです。

経済性だけを考えれば、塩作りや農作物の栽培も含めて、伊勢神宮のなかで自給体制を続けるのは、けっして効率がいいとはいえません。では、なぜ一見非効率とも思えるやり方を今でも続けているのでしょう。

じつは、私たち日本人が神さまを祭る際に、ずっと守ってきた基本的な約束ごとがあるのです。それは、**自分たちが汗水たらして得たものでなければ、神祭りをしてはいけないということです。**

この約束の根底にあるのが、農林水産業に対する日本人のとらえ方です。私たちの祖先たちは、木々を育てたり農作物を作ったり獲物を収穫する技を、神々から授けられたと考え、そして自分たちは神々の子孫であるととらえてきました。

その自分たちは、神に守られた土地において、神から伝わった技で手にした収穫物を、感謝を込めて神に捧げてきたのです。

これは、伊勢神宮に限ったことではありません。各地域の神社で神事をおこなう際も同じです。土地の神々の力をいただいて得た地元の収穫物を捧げます。

この約束ごとが記録として残っているわけではありませんが、数々の戦乱や災害を経ながらも、祖先たちは全国津々浦々の町や村で、この約束を守り継いできました。

さらにいえば、明治時代まではほとんどの神社に直轄の田んぼがあり、氏子たちがお米を作っていたそうです。その収穫によって神社は自給自足で運営され、ときにはお米の売上が、社殿の修繕などにもあてられていたと記されています。

もちろん、現代の日本で同じしくみを続けるのは、現実的ではないでしょう。時代に合わせて、各神社で捧げる供物も柔軟に変わってきました。しかし、なるべく地のものを供える姿勢や、不当に得たものや他者から略奪したものを神さまに捧げるのはもってのほかだとする倫理観は、今でもきちんと守られています。

伊勢神宮が、日本の神社を代表する神社として、今日にいたるまで自給自足の伝統を守り続けられてきたのは、多くの人々の努力と労働の賜物（たまもの）です。

そこに神々や自然への感謝と先人への敬意があるからこそ、この時代においても、この伝統を守り継ぐことができているのだといえるでしょう。

それはひじょうに貴重なことであり、日本人として誇りに思っていいことなのではないかと考えています。

第2章

日本人は神道とともに生きてきた

精神のみならず物質的豊かさをも重んじる神道

伊勢神宮では一年三百六十五日、一日も欠かすことなく神々への祈りを捧(ささ)げています。そのなかでも大切なのが、「国の繁栄」への祈り。いい換えれば、国が栄え、日本に住む一人ひとりの暮らしが豊かになるための祈りです。

これも、神道がもつひとつの特徴だといってもよいでしょう。**精神性の高さだけではなく、それをもたらすための物質的な豊かさもまた、大切だとされているのです。**

精神的に安定した幸福な人生を送るためには、まず平和であり、物質的、経済的に恵まれた生活が保証されていなければいけません。安心して眠れる家もなく、着るものも明日食べる食料もなければ、人は幸せに暮らすことはできません。

「衣食足りて礼節を知る」という言葉があるように、思いやりや節度のある生き方をするには、衣食住が十分満たされる必要があります。

伊勢神宮にも毎年、多数の経済人や企業が参拝してくださいます。そして、歴代の崇敬者総代はトヨタ自動車、出光興産、オムロンなど、日本を代表する企業の錚々（そうそう）たる経営者の方たちが務めてくださっています。

パナソニックの創始者であり「経営の神さま」といわれた松下幸之助氏も、そのお一人でした。松下氏は、経営理念として「繁栄によって平和と幸福を」（Peace and Happiness through Prosperity＝ＰＨＰ）というスローガンを掲げ、自社を世界的な企業に育て上げました。

この理念はまさに、神道の考え方をそのまま体現しているといってもいいでしょう。

古代において、経済的繁栄とは食料の豊富さそのものでした。天照大御神（あまてらすおおみかみ）は、日本の経済や人々の暮らしを支えるものとして、瓊瓊杵尊（ににぎのみこと）に天上界の「稲」を授け、主食であるお米が豊かに稔（みの）る豊穣の国となるよう取り計らわれました。

私たち神職が奏上する祝詞（のりと）にも、「いつくさのたなつものを豊かに栄えしめ給え」という文言があります。

「いつくさのたなつもの」とはお米をはじめとする五穀のこと。伝統的に上げられてきた「五穀豊穣」の祈りは、そのまま私たちの経済的な繁栄を願う大切な祈りなのです。

ただし、神道でいう「繁栄」とは、ぜいたくを目的とした拝金主義でも、自分さえよければいいと考える自己中心的な物質主義でもありません。また、人間性を無視した効率優先の経済でもありません。

ましてや、奇跡的な出来事が起きて一夜で億万長者になるというように非現実的な夢をかなえることが、神道の目的でもありません。

では、何を理想とするのか。**文明の利器や近代的な生活スタイルを上手に取り入れたシンプルで豊かな暮らし。自然や他者と調和した人間らしいゆとりのある暮らし**――これが、神道の目指す繁栄です。

日本の神々は、私たちが日々安心し、豊かに生きられるよう見守ってくださいます。そしてやるべきことに取り組み、調和しながら幸せになれるよう導いてくださいます。祖先たちもまたそんな神々を敬い、慕いながら、日本の繁栄を築いてきたのです。

神道の知恵は、日本人の暮らしに根ざしてきた

元禄時代に活躍した伊勢神宮の神官・出口(でぐち)(度会(わたらい))延佳(のぶよし)は、「神道とは、人々の日用の間(ま)にあり」と書き記しています。これは、神道が私たちの毎日のおこないに深く関連しているという意味です。

私たちの祖先たちは、**暮らしのすべてを自然の力（神）が支えてくれていると考えていました。**

たとえば、井戸から水を汲(く)むのは、井戸の神さまから水をいただくことであり、火打ち石に宿るカグツチの神（火の神）が助けてくれるからこそ火がおこる。そうとら

えて感謝し、朝起きれば太陽に手を合わせ、森に入る際には、山の神さまに手を合わせる。そんな習慣をあたりまえのこととして続けてきたのです。

古代の人々は自然（神）のもつ不思議な力を暮らしに生かしてきました。神道の知恵は、八百万（やおよろず）の神々の力をいただくことでもあるのです。それは今も、私たちの暮らしの何気ないところに浸透しています。

たとえば、日本の特産品である漆製品も、そのひとつ。漆といえば高級品のイメージがありますが、一万年以上前の縄文時代から使われていることがわかっています。

じつは、漆に含まれるウルシオールには殺菌・抗菌作用があり、食品の腐敗を軽減し、その保存に役立ちます。縄文人は体験的に、自然がもたらすこの力を知っていたと考えるのが自然でしょう。食器だけでなく祭祀（さいし）用の神具にも漆が使われていました。

また、二十年に一度の式年遷宮で神々に奉られる装束類は、ほとんど植物染料で染められています。

染料として、赤は紅花、紫は紫根、紺は藍が使われています。どれも化学染料では表せない独特の気品と、淡くやわらかな神々しさを感じさせる色彩に染め出されます。しかも植物染料には、ケミカルな物質にはない不思議な効能があるのです。

まず紅花には、体温を上げる効果があります。江戸時代は、遊郭の女性などが赤い襦袢（じゅばん）を身につけることがありましたが、これは、女性たちの健康を守るために、体を温める目的があったと思われます。

紫根には、体を冷やす成分が含まれています。時代劇などでは、病気で床に臥（ふ）せっているお殿さまが紫の鉢巻を巻いていますが、それはたんなるおまじないではなく、熱を下げるための工夫なのです。

藍に含まれるのは、消毒・殺菌成分。防虫作用もあるため、野良着や剣道着などは藍染されてきました。

これらも自然のもののなかにこそ宿る神の力であり、その力を暮らしのなかで人間がいただくことも、また神道なのです。

このような神道に息づく技術は、**「おばあちゃんの知恵」のようなものだと思っていただくとよいでしょう。**おばあちゃんは、先祖代々受け継いできた暮らしの工夫や生き方を教えてくれます。その教えは、けっして古くさくも面倒でもありません。

人が他者や自然と調和しながら生きていく上で役に立つ大切なものです。それは、私たちが古代から受け継いできた貴重な財産だともいえるのではないでしょうか。

日本人は無宗教でなくあらゆる信仰を受け入れる

日々の暮らしに根づいた、すばらしい信仰をもっているにもかかわらず、日本人は長い間、世界から誤解されてきました。ひと昔前まで、日本人が旅行やビジネスなどで海外に行き、現地の人から宗教や信仰について尋ねられると、**ほとんどの人は「私は無宗教です」と答えて、驚かれたというのです。**

海外の人にとって宗教をもたない無神論者は、精神的なよりどころをもっていないことを意味するからです。

しかし、私たち日本人は無神論者どころか、お正月にはこぞって初詣に行き、お盆にはお寺で墓参りをします。その上、キリスト教の行事であるバレンタインデーやクリスマスも楽しみます。

当時、日本を訪れた外国人はその姿を目の当たりにして、「この国の人は、本当に無神論者なのか」と、もう一度驚いたそうです。

神道も仏教も、またキリスト教の習慣も、ごく自然に受け入れているこの状態を「重層信仰」と呼びます。これは、日本人の信仰形態の大きな特徴です。そしてこの特徴が、日本に繁栄をもたらす一因となったのです。

まず、この重層信仰とは具体的にどういうものか。少し寄り道になりますが、神道の始まりまでさかのぼって見ていきましょう。

神道の始まりは、おそらく、少なくとも縄文時代前期（およそ一万五千年前）にさかのぼります（起源があまりにも古いため、明確な特定はなされていません）。

四季の変化に富んだ環境で、自然とともに暮らしていた私たちの祖先たちは、ごくあたりまえのように、身のまわりの木々や岩、川の流れや天候などに神々の存在を感じ、信仰するようになりました。

大自然と密接に関わりながら暮らしていた祖先たちは、自然のいとなみに人智を超えた不思議な働きの存在（霊性）を感じ取ります。そして、その存在を「神」と認識して信じるようになり、敬い、感謝の念を捧げるようになりました。

ひじょうに長い時間をかけて培われたその心は、いつしか日本独自の民族信仰となって醸成していったのです。

ただし初期の神社は、今のような形ではありません。古代の人々は、木や石などを磐座（いわくら）、神籬（ひもろぎ）として信仰の対象としていました。その後、しだいに本格的な社殿を造って神を祀る（まつ）ようになり、現在の形が整っていきます。

伊勢神宮もまた、当初から規模は大きかったでしょうが、「祠（やしろ）」（社＝屋代）と呼ばれる仮設の建物に神さまが祀られていました。天武天皇の御代に、現在のような本格的な宮殿形式を誇る大規模な社殿の造営がおこなわれたと記録されています。

そんななか、六世紀になってインド発祥の仏教が中国を経由して入ってきます。それ以来、神道と仏教はしだいに融合してきました。

神さまと仏さまをあわせて祀ることを「神仏習合」といいます。もともと万物に神の存在を感得してきた感性は、ごく自然に他国から来た仏を受け入れ、ともに祀るようになったのでしょう。

しかし、時代が下がって明治政府が誕生し、両者は明確に分けられるようになります。そして、神道と仏教、神社と寺院を区別する現在の形になっているのです。

とはいえ今でも、神道と仏教の神仏が渾然一体となって信仰されている地方は数多く残っています。また私たちは仏教や神道を矛盾なく受け入れ、海外の宗教行事もあわせて暮らしに取り入れています。

核家族化が進み、だいぶ減ったとはいうものの、今も仏壇と神棚の両方を祀る家は少なくありません。最近ではクリスマスやバレンタインのみならず、ケルト民族の風習であるハロウィンも盛んになりました。

このような、異質な文化や伝統を受け入れる日本人のおおらかな精神性によって生まれた信仰形態を、重層信仰と呼ぶのです。

自然のなかに神を見出す神秘の国・日本

では、なぜそのような精神性が育まれたのでしょうか。まず日本人の信仰が国際的に見て、どの立ち位置にあるのかを俯瞰(ふかん)してみたいと思います。

二〇〇一年に刊行された『世界がもし100人の村だったら』(池田香代子再話／C・ダグラス・ラミス対訳／マガジンハウス)という本が大ベストセラーになりました。アメリカの環境学者ドネラ・メドウスが研究した人口比率をもとに、世界の政治や経済状況、公衆衛生や文化度などをわかりやすく示したものでした。

この手法を用いて、二〇一六年度版の統計をもとに、世界の信仰を百人の村にたとえてみると、興味深いことがわかります。

もし世界が百人の村だとしたら、それぞれの信者は、キリスト教三十三人、イスラム教二十四人、ヒンズー教十四人、仏教七人。そして、山や川、木や石などの自然物を含む万物に霊性を見出し、信じるアニミズム的信仰が十人。残りの十二人は、それ以外の宗教か無神論者です。

日本人は、アニミズム的信仰をもつ「十人」のなかに含まれます。日本の信仰がアニミズム的信仰に分類されるというのは、少し意外に思われるかもしれません。

しかし、世界の信仰をデータベース化したボストン大学のワールドレリジョン・データベースでは、アニミズムを次のように定義しています。

「雷や火などの自然現象や、岩石や樹木などの物質にも、意識や個性があるとすること」

まさしく、自然のなかに神を見てきた神道そのものです。

念のためにいうと、同データベースでは神道はこのように定義されています。

「日本に土着した宗教の支持者、または紀元前六六〇年にさかのぼる自国の神話や信仰をはじめ、さまざまな神々を崇拝する（祀る）公的な聖地に対する献身などの総称」

世界の人口を七十三億人とすると、このアニミズムを信仰するのは十パーセントですから、わずか七・三億人にすぎません。そのうち一・二億人、約六分の一を日本人が占めます。

残り六分の五の内訳は、どうなっているのかというと、オーストラリアのアボリジニ、アメリカのネイティブアメリカン（ナバホ族やホピ族）、台湾や中国の少数民族、アフリカのマサイ族やヨーロッパのケルト民族などです。

土地に根づいた自然のなかに「神」を見出し、信仰してきたという点では、どの民族も日本人と同じですが、ただひとつ明らかな違いがあります。

日本以外は国全体ではなく、一部族や、みずからその信仰を選んだ人々に限定されているのです。

一方、神道は、**日本という国全体で、太古から伝統的にゆるやかに信仰されてきました。**このように、ひとつの国が長きにわたってアニミズム的な信仰を続けているのは、世界的にみてもひじょうに稀有なことだといえるでしょう。

そのためか、伊勢神宮を訪れる海外のお客さまはよく、「神秘の国・日本」という表現をされます。インドのお客さまからそういわれたときは、さすがに「あなたの国のほうが神秘的です」といいたくなりましたが、外国から見た日本は、ともかく不思議の多い国のようです。

美術工芸品、建築物、芸能などの独特な伝統文化もさることながら、外国人の興味を引くのは、アニミズム的信仰が根づいている国でありながら、世界最先端の技術と経済力を有していることだといいます。

また近年では、治安のよさや、落とした財布が高確率で返ってくるといったすぐれた倫理観、マナー意識の高さが注目を集めています。これは、自然を含めた万物に神を見て敬う日本人の精神性が、おおいに関係しているのではないでしょうか。

自分たちでは意識していなくとも、世界的にみて私たちはひじょうに信仰心に篤(あつ)く、またおもしろい民族であるといえるのではないかと思います。

神道は、水や空気のようなもの

ここまで読んできたあなたには、こんな疑問が湧いているかもしれません。

「私はべつに、神道を〝信仰〟しているわけではないのだが……」

「日本人のなかには、神社や神さまに興味がない人もいるのでは？」

その疑問は、もっともです。しかし意識するしないにかかわらず、日本人のなかに神道（アニミズム的信仰）は根づいています。

たとえば私たちはごく自然に、**食事の前後には「いただきます」「ごちそうさま」**

といいます。あらためていうまでもありませんが、「いただきます」は、「今から食べるものの命を、ありがたく頂戴します」という感謝の言葉です。自分の食べるものに命が宿ると考えるのは、万物に神を見る日本人ならではの感性でしょう。

ごちそうさまは、「ご馳走さま」と書きます。たとえば、おかずに焼き魚が出てきたら、魚を釣ってくれた漁師、それを運んでくれた運送屋さん、売ってくれた魚屋の人たち、そしてもちろん料理を作ってくれた人……。つまり自分のために走り回り、労力を使ってくれた人への感謝、そして、空腹を満たし栄養になってくれた食べものの命への感謝が、この言葉に表れているのです。

それがいえるのは、**この世のすべてのものに神が宿り、人々が関係し合って成り立つ、そのおかげで自分がいるという神道の世界観があるからこそです。**このように食事に感謝する民族は、世界でもめずらしいといっていいでしょう。

あなた自身は、今まで意識してこなかったかもしれません。しかし「いただきます」が自然にいえるのですから、すでに神道の実践者、立派な「神道者」です。つまり、その背後にアニミズム的信仰があるのです。

では、なぜ多くの日本人は「自分は宗教をもっていない」と答えたり、「神さまや宗教には興味がない」と考えたりするのでしょうか。それは、**私たちにとって神さまや神道の存在が、「空気」や「水」と同じようなものだからです。**

空気や水は意識しなくても、いつもあたりまえのようにそばにあります。ですから私たちは、その恩恵を受けていることすら気づきません。神道も、意識するしないにかかわらず、日本人の暮らしや人生に深く関わっています。

お宮参りや七五三、初詣や厄払いなど、私たちはごく自然に神社に参拝し、人生の無事を祈ります。また、お祭りにウキウキと参加し、願いごとがあればときには遠方の神社にまで足を運びます。さらに日本各地で、地鎮祭や季節ごとの神事は欠かすことなくおこなわれています。

神道や神々の存在は、日本人にとってあまりにも身近にありすぎる。そのため、わざわざ「神道を信仰している」とは思わないのです。

「自分はそんなに信心深くない」と思うかもしれません。しかし、あなたは今まで、太陽や月、海や山、あるいは大木や巨石などに神聖さを感じ、手を合わせたくなったことはないでしょうか。あるいは、危機一髪のピンチを救われ、見えない存在に対して感謝したくなったことはないでしょうか。

もしそのような経験が一度でもあれば、「神」を感じる感性を受け継いでいるといえるでしょう。**神を敬い信じる感覚は、私たちの細胞に染み込むように深く息づいています。**

その感性は、あとから獲得したものではありません。祖先たちから自然に受け継がれてきた感覚です。だからあえて日本人は、「信じている」という言葉にする必要はなかった、と私はとらえています。

西洋の「God」とは違う、日本の「Kami」

山や森が多く豊かな川が流れる日本で水は豊富にありますが、ほとんどの諸外国では、わざわざお金を出して水を買わなければなりません。この水と同じように、日本と西洋では「神」の概念も大きく違います。

日本人にとって神とは「自然をはじめとする万物に宿るもの」です。「八百万の神」という言葉に象徴されるように、あらゆるものや事象に神が存在し、人もまた、自分自身のなかに神を宿すと考えます。

一方、西洋で「神」(ヤハウェ、アッラー、ゴッド)といえば「唯一絶対神」。世界を創った全知全能の「創造主」のことです。人は神と契約を結び、守ってもらう代わりに、戒律を守ります。

神と人の関係をまとめるなら、次のようにいえるのではないでしょうか。

日本では、**神と人はいわば強い絆で結ばれた親子のような「保証関係」にある。**

一方、西洋では、絶対的な権威をもつ神と人の間で、厳格な「契約関係」が結ばれる。

……このように、同じ「神」であっても、人との関係はまったく違うのです。

神との関係の違いは、自然観の違いにも表れています。「庭」を例にして、日本と西洋の自然観を見てみましょう。

日本庭園は、大自然の山河をそのまま凝縮した姿が再現されています。左右非対称で、季節のうつろいが感じられるよう工夫が凝らされます。一方、西洋庭園の造形は基本的に左右対称です。人工的な曲線や直線で構成され、木々や草花は規則正しく植えられています。

庭の違いを見ただけでも、自然に対してどのような姿勢で接してきたかが一目瞭然だといえるでしょう。

神道では自然をひとつの「小宇宙」ととらえます。人間も動植物もその一部として、調和しながら存在している。神も人も動植物も自然のなかで渾然一体となりながら、それぞれの場所で対等な関係を結んでいる。これが、日本の自然観であり、神さま観です。

それに対して、西洋において自然とは「コントロールするべきもの」です。絶対的な唯一絶対神が世界に君臨し、その下に人がいて、さらに人がコントロールすべきものとして自然があります。聖書には、「自然を支配するように」という記述があることからも、自然に対する姿勢がうかがえます。

このことを踏まえて、私はある考えに至りました。

日本の神は「Ｋａｍｉ」、西洋の神は「Ｇｏｄ」である。こう呼ぶのがふさわしいのではないかということです。もしあえて日本の神を西洋の概念でいうなら、「Ｄｅｉｔｙ」が近いかもしれません。

日本の神について、江戸時代の国学者、本居宣長が『古事記伝』で端的に表しています。

尋常ならず、すぐれたる徳のありて、可畏きもの

今の表現に直すなら、「すぐれたる徳」とは、卓越した力、精妙なエネルギーを指すといって差し支えないでしょう。言葉にはできない、なんともいえないありがたさをもってそこにある存在――それが、Ｋａｍｉです。

その貴い存在が、あたりまえのように昔も今もそばにある日本は、ひじょうに幸せな国だと思います。

日本人が伝えてきた死生観は神さまに由来する

民俗学の祖といわれる柳田國男（やなぎたくにお）が、終戦直前の昭和二十（一九四五）年五月に発表した『先祖の話』という随筆があります。出征兵士たちの鎮魂と戦後の日本社会の家の存続問題のために書いたといわれている随筆です。そのなかで、日本人が古来伝えてきた死生観について書いています。

それによれば、ある村で人が亡くなると、その魂は近くにある秀麗な山に帰るとされていました。そして一定の時間を経て、その家の子孫や子孫に関係のある一族に生まれ変わるというのです。

日本人が大切に守ってきたお家制度は、こうした民間信仰に基づいています。戦国時代などで侍がもっとも怖(おそ)れたのが、お家の断絶でした。なぜなら、一族がなくなってしまうと、生まれ変わることができなくなってしまうからです。

こうした民間で生まれた信仰には、日本人の〝神さま観〟が大きく影響しています。**古来、神はそもそも山（天を含む）にいて、季節に応じて里に降りてきて人のいとなみに力を与えてくれる、という信仰があったのです。**

かつての日本には、ほとんどの集落に「山宮(やまみや)」と「里宮(さとみや)」がありました。山宮は、集落から歩いていける山の麓にあり、里宮は田畑の近くにあります。

冬の間、神さまは山におられます。春が来て、本格的な農耕が始まるころになると、村人はその山宮にお神輿(みこし)を担いで登り、神さまを迎えに行きます。

そして村の里宮まで降りていただき、人々が農耕に精を出し、稲や作物が実るまで近くで見守り、力を貸していただいたのです。神さまを里に迎える際におこなうのが春祭り。今でいう祈年祭です。

秋が訪れると、今度は、神さまへの感謝の気持ちを込めて秋祭りをおこない、収穫を祝います。現代でいえば、新嘗祭（にいなめ）にあたります。その後、ふたたび神さまをお神輿に載せて山宮へと送り、次の春が来るまで、山で静かに霊力を高めていただきます。

今でも各地で、春祭りや秋祭りがおこなわれています。地域によって、春祭りに力を入れるところ、秋祭りのほうに力を入れるところに分かれるようですが、いずれにしても、そもそもは神さまの力をお借りするための祭り、そして感謝を捧げるための祭りだったのです。

人の生命線ともいえる農作物の豊穣をもたらすために神さまを祭ることは、日本人にとって、なくてはならない暮らしの一部でした。日本人は古来、まさに神とともに、日々の生活をいとなんでいたのです。

八百万の神は、調和と秩序のネットワーク

ではなぜ、日本人が海外の宗教や文化を取り入れ、発展することができたのか。いよいよ、その答えに迫っていきましょう。謎（なぞ）を解くキーワードは、「八百万の神」です。

あらためて解説すると、八百万の神とは日本人が古代から信じ敬ってきた、あらゆるものや事象に宿る神々のことでした。八百万は象徴的な数で、「無数の」という意味です。そのような神々の特徴は、大きく分けてふたつあります。

ひとつは**「上下関係がない」ということです。**天照大御神であろうと、小さな祠（ほこら）にいらっしゃる神さまやまた事物や自然に宿る神々であろうと、あるいは「トイレの神さま」であろうと、たんに「役割」が違うだけにすぎません。

たとえば天照大御神は、皇室や日本を守る役目を果たされます。一方、氏神神社や産土（うぶすな）神社の神さまは各地域を守り、その土地で生まれた人々を守る。このように、それぞれに役割があり、同時に対等なのです。

もちろん天照大御神は、八百万の神々を代表する神さまです。しかし、ピラミッドの頂点に君臨しているわけではなく、その役割を果たしているにすぎません。たとえてみればマザーコンピューターのようにネットワークの中心にいて、すべての神々を、秩序をもって調和させる役目を負われているのです。

そんな天照大御神には、ほかの神々にはない特徴があります。すべての神さまの「もっともよいところ」を引き出す力があるのです。

あらゆる神々の長所を生かし、包み込む。そんな唯一無二の徳をもつ天照大御神が、八百万の神々が織りなす大きなサークルの中心にいらっしゃる。だからこそ調和と秩序が保たれ、それぞれの神さまが思う存分、力を発揮できるというわけです。

八百万の神のふたつめの特徴は、**「善い神さま」もいれば「悪い神さま」もいるということです。**「悪い」神さまがいるというのは、違和感があるかもしれません。しかし、『古事記』や『日本書紀』には、善神も悪神も含めた個性豊かな神々が登場しています。

その代表的な存在が、禍津日神。第1章でお話ししたイザナギ・イザナミ神話に登場する神さまです。

神話では、追手を逃れられて無事に黄泉の国から戻られた伊耶那岐命は、水中で罪穢れを禊ぎ祓われます。すると、伊耶那岐命の体から、悪神である禍津日神（八十禍津日神、大禍津日神）が生まれるのです。

しかし、それと同時に、その悪神を正す直毘神も生まれます（最終的には、天照大御神、月読命、須佐之男命の「三貴神」も伊耶那岐命から誕生されます）。

善神と悪神が同時に生まれるとは、じつに不思議な世界ですが、このエピソードは神道の大事な考え方を暗示しています。

善と悪、ふたつの対立する者同士が相まって、絶妙なバランスをとりながら切磋琢磨し世界が発展する。このように、神々の世界では考えるのです。

表現を変えるなら、善とはプラスのエネルギー、悪とはマイナスのエネルギーといい換えられるでしょう。

善と悪は絶妙のバランスで成り立ち、世界を構成しています。「悪」（マイナス）がなければ、善は成り立ちません。悪には悪の役目があり、世界に必要である。究極的には、この世に不必要なものなどない。このエピソードはそのことを教えているのです。

前述の本居宣長は、八百万の神々について、次のように述べています。

「貴きもあり賤しきもあり、強きもあり弱きもあり、善きもあり悪きもある」

そして、「よきにつけ悪しきにつけ、神さまの力は霊妙で奇跡的なものなので、人の小さな知恵で神の存在を測ることはできない。ただその神を尊び敬意を表すべきである」と説いています。

善悪、貴賤、強弱それぞれに違う神々が存在して成り立つ世界には、人のレベルでは計り知れない叡智が存在する。その世界に見守られている人は、神々をただ畏れ敬うべきである――『古事記』の研究で後世に名を残した稀代の国学者は、そういいたかったのではないかと思います。

『生命の暗号』（サンマーク出版刊）などの著書で知られる筑波大学名誉教授の村上和雄氏は、創造主Ｇｏｄを「サムシング・グレート」と名づけました。これをもじって、私は八百万の神を**「エニシング・グレート」あるいは「エブリシング・グレート」などと称しています。**

悪神も排斥せず、ありとあらゆる神々を受け入れ、祀る。ひじょうに寛容で、また自由なこのあり方こそ、仏教の仏を受け入れ、キリスト教の神をも受け入れる素地となったものです。

縄文時代から近代に至るまで、長い歴史のなかで日本人は一度も宗教戦争を起こさず、他文化や宗教を受け入れてきました。

それは、「八百万の神」の一部として、異文化の仏や神を違和感なく受容してきたからでしょう。そして、万物に神が宿ると考え敬うことが、日本人にとっては当然のことだったからでしょう。

歴史をさかのぼると、仏教や漢字から始まり、日本という国は海外のすぐれた産業や技術、文化や伝統をつねに取り入れて発展してきました。その柔軟さと受容力こそが、現在の繁栄につながったのではないかと私は考えます。

異なる価値観や考え方をけっして頭から否定することなく、しなやかに受け入れて、よい方向へと発展していく。

さまざまな個性を認め合う多様性が重要視されつつある時代に、私たちがもつこの特性は、ますます重要になってくるでしょう。

問題解決の知恵を授けてくれる「天の岩戸神話」

他者と違うからこそ、それぞれが得意な能力を出し合い、協力し合って問題を解決できる。よりよい未来を創造できる。それを教えているのが、日本神話のなかでもっとも有名な「天岩戸（あまのいわと）」のエピソードです。

ご存知の方も多いと思いますが、簡単にストーリーをお話ししましょう。

高天原（たかまのはら）で暮らしていた天照大御神は、弟神である須佐之男命のいたずらがあまりにもひどすぎるので、怒って岩戸の中に隠れてしまわれます。

日の神である天照大御神が隠れてしまわれた世界は真っ暗です。困った八百万の神々は一堂に会して話し合われ、まずは天児屋命（あめのこやねのみこと）が祝詞を奏上してお祭りをおこない、次に天宇受売命（あめのうずめのみこと）の楽しい神楽舞に、夜明けを告げる鶏を鳴かせて全員が笑い騒ぎ立てられます。

何事かと思った天照大御神が岩戸をわずかに開けられたとき、天手力男命（あめのたぢからおのみこと）がその岩戸をこじ開けられ、ようやく天照大御神は再び姿を現されました。そして、世界に光が戻るのです。

いわば、「天照大御神ご出現作戦」ともいえる一大プロジェクト。この作戦が成功した要因は、いったい何だったのでしょうか。

ひとつは、八百万の神々が会議を開き、知恵を出し合われたことにあります。

日本の神々は、問題が起きた場合や決めごとをする場合には、必ず集まり会議をします。神々が話し合いをおこなうことを、神話では「かむはかりにはかりたまひ」といいます。

問題を言葉にして明らかにし解決していく。これが、八百万の神々の問題解決法なのです。

ふたつめの成功要因は、神々がそれぞれの得意能力を発揮して、協力し合われたことです。

プロジェクトの成功は、一人では絶対になし得ませんでした。この話には、何人もの「功労者」がいます。たとえば、神々を魅了する舞を披露された天宇受売命や、岩をも持ち上げる腕力をおもちだった天手力男命。

それだけではありません。祭祀と神楽を思いつかれた「企画者」ともいうべき思金命（おもいかねのみこと）、斎場をしつらえられた「舞台・音響担当」の天布刀玉命（あめのふとだまのみこと）、祝詞を奏上した「司会担当」の天児屋命など、それぞれの神さまが自分の長所を生かされ、役割を果たされた結果、世界に光が戻り、調和と秩序を取り戻すことができたのです。

他者との違いを知ることは大切な知恵であり、さらに、その違いを認め合うことは叡智である。そして、**足らざるところは補完し合いながら困難を解決し、目的を達成するためには力を合わせればよい**――天岩戸神話は、調和と秩序、そして豊かさをもたらすこの真理を教えているように思えてなりません。

宗教の「三要素」をもたない信仰としての神道

神道のユニークさを明らかにしてきましたが、その特徴はまだあります。じつは、**厳密にいうと、神道は「宗教」（religion）ではないのです。**

もっとも日本の法制上では、伊勢神宮をはじめとする全国の神社のほとんどが「宗教法人」として認定されています。その事実を踏まえて、私も便宜上「宗教」という言葉も使っています。

一般的にいえば、宗教とは「戒律」「経典」「教祖」の三つを兼ね備えているものを指します。**しかし神道には、この三つの要素のいずれもがないのです。**

たとえばキリスト教には教義（戒律）があり、聖書（経典）があります。教祖は、イエス・キリストです。同じように、ブッダが教祖である仏教にも、さまざまな戒律があり、多数の経典が存在します。厳しい戒律で知られるイスラム教の経典はコーラン、教祖はマホメットです。

ちなみに、宗教を意味する「religion」はラテン語の「religo」（きつく結ぶ）が語源で、この語を分解すると、「re」（きつく・再び）と「ligo」（結ぶ・縛る）。この語源からは、「厳格な契約によって神と人が強く結ばれること」や、「厳しい戒律によって神に人はきつく縛られること」が宗教であることを示唆しているようにも思います。

一方、神道はどうかといえば、まず戒律がありません。潔斎（けっさい）（神事の前に身を清めること）や忌服（きぶく）（身内の死の際に喪に服すること）などの基本的な決まりごとはありますが、「○○してはならない」という厳重な戒律は皆無です。

また、経典もありません。経典とは、宗教の教義が書かれた書物のことです。

『古事記』や『日本書紀』、『風土記』や『延喜式』などの「神典」は存在するものの、これらは歴史書や当時の法律書です。神道を理解する上でベースとなる知識や考え方を知るには欠くことのできない書物ですが、教義を書いた経典ではありません。

さらに、神道には教祖も存在しません。天照大御神をはじめとする神々は崇敬の対象として信仰されていますが、人に厳格な教えを説いたわけではありません。一人のカリスマが広めた宗教とは、その成り立ちからしてまったく異質なものです。

とはいえ、日本人が神の存在を信じて祈りを捧げ、神々を祀ってきたことに変わりはありません。それどころか、誰に強制されるわけでもなく神々を敬い、感謝を捧げてきたわけです。そのような日本人のあり方を見て、私は、**神道は「信仰」(faith, belief) と呼ぶのがふさわしいのではないかと考えています。**

次の章では、そんな神道の本質とは何かについて、私がたどりついた考えをお話ししていきます。神々とのつながりを深め、心穏やかに過ごしながら願いをかなえていくためのガイドにしていただけたらと思います。

第3章

神々と交流してよりよく生きる

神道の基本は、罪や穢れを祓い清めることにある

伊勢志摩サミットでは、各国首脳が参拝されるに先だって、調査員の方が伊勢神宮に来られて、事前調査がおこなわれました。

手水舎（てみずしゃ）のところまで来た際、調査員の方が「ここで手水をするのですか？」と尋ねてきました。厳密な宗教儀礼であれば差し障りがあるので遠慮したいというニュアンスなのか、あるいはたんなる段取りの確認だったのか、その真意はわかりませんでしたが、私は次のように説明しました。

「手や口を水ですすぐのは、神前に向かう前に聖なる水を使って心身を清める〝禊ぎ祓い〟を簡略化したものです。禊ぎ祓いとは、心身の異常な状態を本来の正常な状態に戻す儀礼で、ひじょうにすがすがしい気持ちになれます。もちろん、どなたがおこなっても問題ありませんし、われわれ日本人をはじめ諸外国の方々も普通に慣習的にされていますよ」

そして迎えた、参拝当日。私たちの話が通じたのかどうかわかりませんが、各国首脳全員が、ごく自然にガイドに従って手水でお清めされました。なかには神道にはこのようなよい儀礼があるのか、と感心され、自らすすんでお清めをされた首脳もおられたと聞き及んでいます。

神道の基本は、祓い清めにあるといっても過言ではありません。祓い清めを具体的に受けられる方法が、神社でのご祈禱です。

あなたもこれまで、七五三や厄年、新年などにご祈禱を受けた経験が一、二度はあることと思います。少なくとも、山開きや海開き、地鎮祭や上棟祭でのご祈禱をニュースなどでご覧になられたことがあるでしょう。

ご祈禱のはじめには、必ず神主が大麻で、「祓え給え清め給え」とお祓いをします。

じつは、この行為には重要な意味があります。

このお祓いによって、**ご祈禱を受ける人の「罪」や「穢れ」のエネルギーが浄化されるのです**（ご祈禱自体を、「お祓いを受ける」ということもあります）。

しかし、必ずしもご祈禱を受けなければ祓い清めができないかといえば、そうではありません。

そもそも、神社の境内は祓い清められた聖域です。神社の鳥居をくぐると、誰しもすがすがしさや心地よさを感じるものです。また、手水舎で手と口をすすぐと心までスッキリしたような気がします。

御祭神（神社に祀られている神さま）の「気」に満ちたその空間に身を置くだけで、おのずと日頃の罪や穢れが祓い清められて正常（＝清浄）な状態を取り戻していけるのです。

先人もそのことを十分に理解し感じていました。南北朝時代の度会家行（わたらいいえゆき）の『類聚神祇本源（るいじゅうじんぎほんげん）』神道玄義篇には、「神気を嘗（な）める」と記されていますが、神社にお参りするのはこのためである、とよくいわれるところです。

神気とは、神さまの気力。なめるとは「頂戴する」という意味です。**神さまの「気」をいただき、生きる力を得るために私たちは参拝するのです。**ですから参拝の折には、神さまのエネルギーを充満させるつもりで、境内の空気（神気）を体全体に吸い込んでください。

それだけで、日頃ため込んだストレスや不要なものが祓い清められることでしょう。

人は誰でもそのままでパーフェクトな存在

「祓い清め」の根底に流れているのは、神道独特の世界観や人間観です。

神道では、人は生まれながらにして、完璧で清浄な存在だと考えます。すべての人は「そのままで完璧」であり、不完全なものを修行や鍛錬で完璧にしていく、というとらえ方をしないのです。

神道は、徹底した「性善説」の立場をとっているのです。神道に修行や悟りがないのは、そのためだと思われます。

神さまの「分け御霊(みたま)」だととらえているからです。なぜなら、私たち人間は神さまから魂を分けてもらった存在。「分け御霊」とは、文字どおり、かんたんにいえば、人間は神さまの分身だと思っていただくといいでしょう。

「いや、悩みだらけの自分が、神さまの分身なんてとても思えない」「分け御霊なんて、畏れ多い」という声が聞こえてきそうです。

しかし、これまであなたは大自然に触れて感動したり、美しい草花を見て心を動かされたりしたことはないでしょうか。あるいは、赤ちゃんの笑顔を見て、自分も笑顔になり、ホッとなごんだことはないでしょうか。

神道では、万物のすべてに生命が宿り、神が宿ると考えます。すべてのものに神が宿るということは、あなた自身のなかにも神が宿っているということです。

雄大な自然や身近な草花を見て私たちが感動するのは、ある意味、そこに神を見るからであり、自分自身のなかにも同じものがあるからです。また赤ちゃんの完璧さ、かわいらしさと同じ自分がいるからこそ共鳴し、笑顔になれるのです。神さまはそんなあなたを知っていて、いつも穏やかに見守ってくださっているのです。

すべての人は、ありのままでパーフェクトである。しかし、ときに汚れがたまってしまって、不具合を起こすことがあります。人と自分を比べて自己嫌悪に陥ったり、進むべき道が見えず迷ったりしてしまう。

その原因は、本当の自分がどんな存在なのかを忘れていることにあります。日々のストレスや悩みなどのせいで、本当は完璧であることを忘れている状態。つまり、「異常な状態」になっているのです。

そのあるべき姿ではなくなった「異常な状態」を罪や穢れと呼び、「お祓い」や「お清め」を通して、元の姿に戻すのです。これを、「罪穢れを祓い清める」という言い方をします。

したがって、この場合の「罪穢れ」とは、自分が犯した罪や欠陥ではありません。日常のなかでたまってしまった、疲れやネガティブな感情。つまり、不要なエネルギーのことです。だから、「悔い改める」のではなく、「祓い清める」のです。

一方、西洋で「罪」とは、キリスト教の「原罪」を指します。人間は、神に背いて罪を犯したアダムの子孫なので、生まれながらに罪を背負っていると考えます。ここにもまた、日本と西洋との人間観の違いが表れています。

「ゼロ」の状態に戻れば、ひらめきがやってくる

神道のもつ独自性、その特徴をいい換えるなら、**異常な状態を正常（＝清浄）に戻すテクノロジー（技術）であるといえます。** そして神社はそのテクノロジーが機能している場だと思っていただくといいでしょう。そして、その方法が禊ぎ祓いであり、神社でのご祈禱です。

ちなみに、「せいじょう」という言葉には、清らかさを表す「清浄」の意味もあります。ですから、お祓いを受ける際には、「ピュアで正常（＝清浄）な自分に戻ったのだ」と考えてください。

実際に、拝殿内でお祓いを受けると「気分がピリッとする」「ふだんは感じない清らかさを覚える」とおっしゃる方がよくおられます。これは日常生活によって乱れたエネルギーが整えられ、本来の正常な自分に戻ったからだといえるでしょう。

ところが、神道において大事なプロセスは、さらにその先にあります。お祓いで、私たちは清浄な「ゼロ」の状態に戻ります。**その「ゼロ」になったところに、神さまからの「直感」や「ひらめき」が降りてくるのです。**そして、これこそがご祈禱の核心であり、神道の本質なのです。

もちろん、祓い清められて正常になっただけでも、十分にすばらしいことではあります。しかしそれで満足するだけではまだ不十分で、赤子のようなピュアな状態になって何を受け取るか。ご祈禱においては、それがもっとも大切なことなのです。

直感を受け取ることを、よく「気づきを得る」といいます。気づきを得るのは、とても大事なことですが、誤解されている部分もあるようです。

本当の「気づき」とは、ゼロ（虚・空）の状態、エアポケットのような祓われた空間に訪れます。穢れた異常な状態がクリアになり、正常に戻ってこそ、神さまからの気づきが得られるのです。

気づきを得て成長するためには、さらにいえば、人が生きていく上では、無駄なものを取り払い本来の自分に戻れる空間、ゼロになれる時間が必要です。

それを提供するのが神道であり、神社なのです。

お参りやご祈禱で、「開運できますように」「願いがかないますように」とご利益を願っても、もちろんかまいません。しかし神さまからもたらされる真のご利益とは、このように本来のパーフェクトな自分、正常な自分に戻ること。

そしてそこから、ひらめきやインスピレーションを得て、人生をより幸せに変えるために行動していくことにほかならないのです。

人生を導く直感とインスピレーションとは何か

では、神さまからインスピレーションや直感を得るとはどういうことでしょうか。私自身の経験をもとに、お話ししましょう。

私たち伊勢神宮の神職は、神々をお守りするために交代で夜勤を務め、夜は順番に仮眠をとりながら寝ずの番をします。また、ときには午前二時に神事をおこなうこともあります。

参拝者が誰もいない宮域は、森の自然と神々だけの世界です。斎庭（ゆにわ）（神を祭るための清浄な庭）を照らす月光は美しく、とくに満月の夜の月明かりは、太陽よりも明るく感じます。幻想的な光景のなかで、神々の存在を間近に感じる厳粛な時間です。
お勤めや神事の際は自分の役目に無我夢中ですが、勤務を終え、ホッと一息ついたときに、ふと、ひらめきが訪れることがあります。

それは、けっして長い言葉ではありません。わずか一言、二言です。しかし、とうてい自分が考えたとは思えない示唆に富み、今後の生き方や仕事への心がまえについて、大事な指針となるメッセージです。そんな言葉が浮かんだときは、身が引き締まる思いがします。

私の経験からすると、**神さまという存在は不思議で、長々と「メッセージ」を伝えたり、人に強烈な指示を与えたりすることはありません。**また、人によっては映像や図形、音などを通してインスピレーションをくださることもあります。

たとえば日露戦争で活躍した秋山真之（さねゆき）海軍中佐（のちの中将）は、ひらめきによって日本に勝利をもたらしました。

秋山中佐は、東郷平八郎元帥のもとで連合艦隊の参謀を務めていました。彼は「秀才中の秀才」といわれるほど優秀でしたが、当時あることに頭を悩ませていました。ロシアの主力艦隊だったバルチック艦隊が、どのルートを通って日本に攻めてくるのか。あらゆるデータを入手し、駆使して読み解こうとしたものの、判断がつかなかったのです。

しかしあるとき、考えるのに疲れ果てウトウトしていると、バルチック艦隊が対馬海峡を進む景色が脳裏に浮かんだのです。そこで秋山中佐は、東郷元帥に「直感ですが」と前置きして、対馬海峡で敵を迎え撃つことを進言し、日本軍は勝利を収めることができたのでした。

このようなことはけっして特別なことではありません。ことの大小はあるものの、じつは誰にでも起きています。

たとえば、あなたも神社に参拝して祈りを捧(ささ)げたあとに、アイデアがふとひらめいたり、直感が湧いたりすることはないでしょうか。

「私は鈍いから、直感なんて感じたことがない」という方もいらっしゃるかもしれませんが、インスピレーションを受け取る感性や直感力は、人間にはみな、平等に与えられています。

直感やひらめきは、言葉や理論では説明はつかないけれども**「一瞬にして物事の本質を見極めたり、正解を導き出したりできる能力」**だともいえます。

それは、人間であれば誰もがもつ最大の能力のひとつです。そして、神々とのつながりは、直感と人をより強く結びつけてくれるのです。

といっても、生き方を変えるような言葉や斬新なアイデアを受け取ることだけが、「ひらめき」や「直感」ではありません。直感は、ひじょうに身近なものです。

たとえば、伊勢神宮ではさまざまな色のお守りをご用意していますが、あなたが神社で祈りを捧げたあと、誰かのためにお守りを選ぼうと考え、授与所に立ち寄ったとします。そのとき、あなたが相手のことを心から思いながら選んだとしたら、色とりどりのお守りのなかから、「あ、これだ！」と直感的にわかるはずです。

色というのは、ある種のエネルギーや波長をもっているとも考えられていますので、その人にふさわしい色、エネルギーがあるのです。相手のことを心から思ったとき、その人のエネルギーを直感的に感知して、この色がいいと即座にわかるのです。そして、そのお守りこそ、その人にもっとも必要なものだったりします。

同じように、何か目標を掲げてそれを成し遂げようとお参りしたり、夢に向けてがんばっているときに、「この人に電話してみよう」「このホームページを見てみよう」とふとひらめくことがあります。

それは、目標や夢を思ったときに、そこにつながるにはどうすればよいかという道筋を、直感的にキャッチしているからです。そして、**そうした見えない世界を感知するセンサーを、人は誰でももっています。**日常的に、こうした直感を働かせているのです。

そして祈りを捧げ、罪や穢れを祓い清めることによって、私たちはその直感を神々から受け取ることができる。ここに、神道独特の本質があるのです。

これまでお話ししてきたように、日本人にとって神は自然のなかに宿り、その働きを司る存在です。祖先たちは、その慕わしき存在に畏敬の念をいだき、お祭りや神事を通して祝福や感謝を捧げてきました。そして神々からは直感やひらめきを受け取り、暮らしのなかに生かしてきました。神さまと人との間には、このような双方向の関係が存在します。

私なりに定義するなら、神道とは、自然の働きを司るさまざまな霊性の存在を日本人が知覚し、「神」と称して信じ、畏敬や感謝、祝福を捧げて「ひらめき」や「直感」を得てきた信仰である。このようにいえるでしょう。

さらにシンプルな言葉でいえば、**「神道とは、日本の神々の存在を知覚することによる〝感謝〟と〝直感〟の信仰である」**――こう理解していただけたらと思います。かたい表現になったかもしれませんが、ここでは「そんなものかなあ」と思っていただければ十分です。

心配はいりません。私たちはこの世でいちばん優秀なレシーバー（受容体）です。不要なものを祓い清めれば、いつでも正常な感性を取り戻し、必要なインスピレーションを受け取ることができるでしょう。

神さまからの直感を受け取るための心得とは

身近な問題の解決法から創作のヒント、人生のターニングポイントになるような重大な決断にいたるまで、直感やひらめきはじつに多彩です。ここからは、神さまからの直感を受け取り、人生に生かしていくための秘訣(ひけつ)をお教えしましょう。

まず、直感を受け取るタイミングは、人それぞれだということを覚えておいてください。もちろん参拝後に間を置かずして、直感がもたらされる場合もあります。

たとえば、伊勢神宮の壮大な森の中を歩いているうちに、自分の役割や使命を思い出したとおっしゃる方もいます。参拝中や参拝後に、何かしらの思いがふと湧いてきたのであれば、素直に従うといいでしょう。

しかしその一方で、参拝から数日、あるいは数か月という時間を経て、直感が訪れる場合もあります。極端なことをいえば、ある物事について祈った数年後に、解決法やその出来事の意味が、突然「あ！」とわかるケースもあるということです。

このようにタイムラグが生じるのは、**人と別の次元に存在している神々は、時間という概念を超越しているからだと思われます。**人間とは時間感覚がまったく違うため、私たちにとっての数年が神さまの世界では一瞬にすぎない。そんなこともあるのです。直感が訪れるタイミングはケースバイケースなので、もしお参り後にすぐに何事かが起きなくても、あせらず待つことも大切です。

では、タイムラグがあったとしても、神さまからもたらされる直感をキャッチするにはどうすればいいでしょうか。

「神さまにお願いしたのだから、いつかわかるはず」と、丸投げするのはよい方法ではありません。といって、固執してしまうのもよくありません。
まず参拝の際には、印象に残った風景、参拝中や参拝後に見て気になった文字や映像、聞こえてきた声や音、体感の変化などを覚えておいてください。このとき、自分自身の感覚を信頼することが大切です。
また、できれば記録しておくことをおすすめします。日常に戻ると、当然ながらその記憶は薄れていきますが、メモがあれば忘れることはありません。

数か月から数年後に何か重要な出来事が起きたときに、「なるほど、あのときに感じたことには、こんな意味があったのか」「この出来事の意味は○○なのか」などとわかるでしょう。

あるいは、友人のアドバイスや相手が何気なくいった一言がヒントになって、以前受け取った直感の意味にハッと気づけるというパターンもあります。また、相手の言葉そのものが、神さまからの直感を代弁してくれている場合もあります。

そこでひらめいたことを実行に移せば、最善の道が開かれていくでしょう。

万が一、望む結果が出なくても、その行動をとったことによって次なるよりよい道が用意されていくはずです。

しかし、行動する前に意識しておかなければならないことがあります。それは、受け取った直感の真偽です。

というのも、神さまからの直感ではなく、自分自身が固執しているものや我欲が「直感」を装って浮かんでくることもあるからです。また、深層意識（潜在意識）にある過去のトラウマが、ニセの「直感」を生む場合もあります。

自分の欲望やこだわりがフッと浮かび上がっただけにすぎないのに、「神さまからのメッセージだ」と勘違いしてしまう場合があるのです。とくに周囲とのあつれきを生んだり突飛すぎたりする「直感」は、疑ったほうがいいかもしれません。

ですから何かのひらめきが来たら、まずは冷静になり、左脳で論理的に検証してみましょう。

本物の直感とは、何かを思い詰めているときではなく、**何気ない瞬間にフッと湧き上がってくるものです。**頭で打ち消しても「本能」が騒ぎ、何度も浮かび上がってきます。それは、まぎれもない神さまからの直感だと思っていいでしょう。

そんな直感を受け取り、またニセの「直感」を見抜くためには、つねに清らかでニュートラルな状態でいることが大切です。そのためにも、日常の罪や穢れを祓い清める神社の存在は重要になってきます。

念のためにいうと、直感を受け取ったにもかかわらず、何らかの事情で、すぐに実行に移せない状況にあったとしても、あせる必要はありません。自分のやるべきことをやりながら、あとは神さまのリズムに合わせるつもりで悠然と毎日を過ごしていけば大丈夫です。

もしそれが本物の直感なら、必ずよいタイミングで行動に移せます。具体的な日常の過ごし方は、第5章でくわしくお話ししていきましょう。

日本の言霊とハワイの伝統的な問題解決法

日本のご祈禱は、最初に拝殿でお祓いを済ませて空間や意識のエネルギーをクリアにします。次に神主が、神さまへの祝詞（のりと）を奏上します。

祝詞には、否定的な言葉がいっさい入っていません。清らかな空間において、肯定的な言葉だけで構成された祝詞を詠み上げることによって、神さまへと祈りが届きます。そして神さまからは、インスピレーションという恩恵が下りてくるのです。

世界の信仰を研究するうちに、**私はこの神道の技法と似た技術が、ハワイにもある**

ことを知りました。

ハワイ先住民の神官ともいえる存在「カフナ」が、数百年も前から伝統的におこなってきた「ホ・オポノポノ」という問題解決法です。

ホ・オポノポノは、言葉の作用で空間や意識のネガティブなエネルギーを祓い、正常なバランスに戻します。そのプロセスには、神道の言霊（ことだま）を使った祓い清めとひじょうに共通するものがあったのです。

ハワイのホ・オポノポノはもともと、カフナを中心とした複数の人間でおこなうもので、人や動植物などの有機物、また無機物も含めたすべてのものを言葉によってクリーニングし、バランスのとれた状態に回復させる方法でした。

近年になって、ひとりでもできるシンプルな方法が考案され、日本でも広がりました。それが「セルフ・アイデンティティー・スルー・ホ・オポノポノ（SITHホ・オポノポノ）」です。

SITHホ・オポノポノは「ごめんなさい」「許してください」「ありがとう」「愛

している」という四つの言葉を唱えるだけで、現実に問題を起こしている原因をクリーニングし、完璧な状態へと変えていくものです。また、その状態で、神聖な存在からインスピレーションが下ろされると考えます。

ホ・オポノポノは四つの言葉を用いて現実の原因となる状態をクリーニングするというものですが、ご祈禱もまた、言葉のもつパワーを使います。

日本には昔から、「言霊」という考え方があります。祖先たちは言葉のもつ力を実感し、大切にしてきたのです。

実際に日本語には、他国の言語にはほとんど見られない大きな特徴があります。それは、すべての文字が「母音＋子音」の組み合わせでできているということです。つまり、どの文字にも「あいうえお（ＡＩＵＥＯ）」の母音が含まれており、発語や発声認識における母音の割合（比重）が多く、また脳の言語処理機構についての研究からは、母音が左脳優位となる「母音言語」なのです。

母音言語は、英語などに比べて発音した際に抑揚が少なく、きわめて単純で環境音や自然音に近く、また独特な響きを生みます。昔から日本人は、そういう日本の言葉のなかに魂を見出し、言霊という独特の世界観を生み出したのです。

海を越えた別々の民族が、言葉の力を使った同じような手法を伝統的に伝えているのは、大変興味深いことだといえるでしょう。

第４章

今も生き続ける神代の世界

日本はなぜ、世界最速で経済大国になれたのか

日本の神々には、世界のほかの神々と大きく違う、ユニークな特徴があります。それは、**日本の神さまはみな、人と同じように働くということです。**

『古事記』や『日本書紀』には、人間と同じように農漁業や狩猟などをして、いきいきと働く神々の姿が描かれています。

たとえば、日本神話に登場する「海幸彦」「山幸彦」という神さまの名前を、あなたも聞いたことがあるかもしれません。この兄弟神はそれぞれ、漁労と狩猟を生業(なりわい)に

されていました。このように、日本の神さまは世界でもめずらしい「働く神々」なのです。

伊勢神宮の祭神である天照大御神（あまてらすおおみかみ）も、もちろんそのお一方です。天上界で機織りや稲作に携わり、ご自身の機織り小屋までありました。

天照大御神の系譜を受け継がれる天皇陛下は、今でも春には田植えを、また秋には稲刈りをおこなわれます。儀式的な要素が強いとはいえ、日本の象徴である陛下のようなお方がみずから田に入られて「労働」されるのは、世界的にみてもひじょうにまれなことでしょう。

一方、海外の神話に登場する神々が働く例は、あまりみられません。たとえば、ユダヤ教やキリスト教、またイスラム教の経典で描かれる「楽園」は、労働のない世界です。

キリスト教において人間は、働かなくても暮らせる「楽園」から追い出された「原罪」を背負う存在と位置づけられています。そして、罪をもつ人間には、「罰」として労働が課せられます。

なぜ日本の神々が働くのかといえば、**労働が神さまにとって「罰」や「苦痛」ではなく、神聖なものであり、喜びでもあるからです。**

そうした神々の姿や神道の考え方は、私たち日本人の労働観にも、大きな影響を及ぼしています。

日本人にとって土を耕して植物を育てること、鳥獣や魚貝を獲ること、ひいては仕事をすることそのものが、神さまとともにおこなう「尊いもの」であり、喜びや生きがいだったのです。

とくに、農業や漁業、林業は、自然の力＝神さまの力が作用すると考えました。そして田畑を耕し、お米や農産物をつくるためにひたむきに働いているその姿そのものが、神々に対する祈りであるとも考えられてきました。

「祈る」とは本来、「い・宣る」の意味です。「い」は、「宣る」にかかる接頭語で神聖さを表します。「宣る」は、神さまから人へいい聞かせる言葉です。

つまり「祈る」とは、働くことを喜びとし、尊いものだと考えた神々の意向どおりに生きていく姿そのもの。いい換えれば、自然とともに農業や漁業、林業をいとなむ人々の姿そのものを表すのです。

日本は戦後すばやく復興して経済大国となり、世界から注目されました。それは日本人が働くことの喜びを知っていたからであり、勤勉さや真面目さを培ってきたからだといえるのではないでしょうか。


残念ながら、西洋的な考え方が主流になった現代では、そのような労働観は失われつつあるのかもしれません。

しかし私たちにも、子どものころから無意識のうちにこのような神道の価値観が刷り込まれています。

現在も、日本人の勤勉さや仕事に対する誠実さは、世界基準で見ればトップレベルです。神代の昔の遠い記憶は、今も私たちのＤＮＡに引き継がれているといっていいでしょう。

先祖がそうしてきたように、現代に生きる私たちもまた、自分の仕事に誇りと喜びをもって働ける資質を神々から与えられているのだと、思い出す時期に来ているのかもしれません。

私たちの世界と神々の世界は相通じている

日本の神さまはなぜ、人と同じように働くのか。それには、神道の世界観が大きく関わっています。**神道では、私たちの世界は神々の世界のすぐそばにあって、相通じているとされているのです。**

神々の住む世界は、「隠り世（かくりよ）」の一部に属しています。隠り世とはいわゆる「あの世」のことですが、この世とは違う死後の世界も含まれた、目には見えないけれど、たしかに存在する異界の世界のことです。

いわば、パラレルワールドと思ってもらえればよいでしょう。隠り世には、天照大御神や神々がいらっしゃる高天原（たかまのはら）をはじめ「根国（ねのくに）」や「底の国」、「黄泉国（よみのくに）」や「常世国（とこよのくに）」などがあります。

一方、私たちが住む「この世」は、「現し世（うつしよ）」といいます。**神道では、現し世と隠り世は「合わせ鏡」、つまり現し世の私たちのいとなみは隠り世にも反映され、逆に隠り世のいとなみは私たちの現し世にも反映されると考えているのです。**

現し世と隠り世が合わせ鏡だという概念は、現在の風習からもうかがえます。たとえば、着物は普通「右前」（右の身頃を先に合わせた着つけ）で着ますが、亡くなった人の死装束は、「左前」に着つけます。これは、祖先たちが「この世」と「あの世」は表裏一体だと感じていた証拠なのではないでしょうか。

日が落ちる瞬間を指す「黄昏時（たそがれどき）」は、古くは「誰そ彼」と書きます。「誰」も「彼」も「あの世」（見えない世界／異界）のこと。つまり黄昏時は「異界ともっとも近くなる時間」という意味です。

私が子どものころ、遊びに出かけるときには必ず、祖母に「神隠しが来るから、暗くなる前に帰っておいで」といわれたものでした。今思えば、「黄昏時はあの世に連れていかれるかもしれないから早く帰るように」という意図が隠されていたのでしょう。

近年ヒットした新海誠監督のアニメーション映画『君の名は。』でも、パラレルワールドと時間が交差するクライマックスシーンは黄昏時でした。日が落ちるのが黄昏時なら、日が昇る瞬間は「かわたれ時」。これも「彼は誰」と書き、同じく異界がもっとも近づく時間です。

伊勢神宮では、古くから黄昏時とかわたれ時に毎日の神事（＝日別朝夕大御饌祭（ひごとあさゆうおおみけさい））がおこなわれてきました。また、やはり異界との距離が縮まる瞬間である午前二時におこなう神事（＝由貴朝大御饌（ゆきのあしたのおおみけ））があります。これは、神々の世界にアクセスしやすく、祈りが通じやすいからでしょう。

私たちが見ているのは、隠り世を映した鏡。隠り世に含まれる神々の世界もすぐそばにあるはず——そんな視点で見ると、いつもの風景がまったく違うものに見えてくるかもしれません。

意外かもしれませんが、私たちの世界と神々の世界との関わりを伝えてくれるもののひとつに、アニメーションがあります。**日本のすぐれたアニメーションには、神道や神々の存在が色濃く投影されている作品が多くあるのです。**

たとえば、宮崎駿監督の作品群。なかでもアカデミー賞長編アニメ賞を受賞した『千と千尋の神隠し』の異界へと通じるトンネルや、『となりのトトロ』の鎮守の森の精霊トトロの存在などは、隠り世や神道の世界観そのものです。

また、世界的にヒットしている「ポケットモンスター」も深読みすれば、多種多様な個性豊かな動物の精霊ともいえるポケットモンスターが、それぞれの力を発揮し変化成長を遂げて主人公たちトレーナーと絡んでいく物語で、まるで神道の八百万（やおよろず）の神観が表れているように思えてなりません。ほかにも、隠り世の構造や価値観、そして神道の有する世界観が映し出されている作品は、数え上げればキリがありません。

ちなみに、アニメーションの語源は「魂」や「霊魂」を意味するラテン語の「アニマ」から来ており、アニミズムの語源も同じ「アニマ」に由来しています。

先に述べたように、神道はアニミズムに分類される信仰です。そのような語源をもつアニメーションの世界で日本人が大活躍をしているのは、ある意味、必然といっていいかもしれません。

それらのアニメがヒットしていることを見ても、私たちは無意識に、神々の世界がじつは近くにあることを感じてきたのではないかと思います。

聖域の新しさを支える「式年遷宮」というシステム

日本でも数々の建築作品を残した著名なアメリカの建築家、アントニン・レーモンドは伊勢神宮を訪れた際に、**「神宮の深い森には、世界でいちばん古くて新しいものが存在する」**と述べました。

「古くて新しい」とは逆説的な表現ですが、伊勢神宮の本質を見事に表した言葉だと思います。「古い」とは、この聖域が二千年前から続いてきたということ。一方、「新しい」とは、今もなお八百万人にも及ぶ人が訪れ、祈りを捧げる場であること。

今でも信仰の場として生き続けており、日本の人々もまた神々とともに生きている。

そんな伊勢の信仰のスタイルにレーモンドはいたく感動し、「世界一古くて新しい」という言葉を残したのではないでしょうか。

そして、**伊勢神宮の新しさを支えているのが「式年遷宮」です。**伊勢神宮の社殿は、二十年に一度、式年遷宮によって、真新しいものに建て替えられるのです。このシステムについては、これからくわしくお話ししていきますが、まず注目していただきたいことがあります。

式年遷宮は現代まで六十二回おこなわれ、当然、同じ回数だけ建て替えられていますが、その間、歴代の造り手たちによる創意工夫はいっさい加えられていないということです。社殿はすべて古代と同じ御用材を使い、同じ仕様で、式年遷宮の開始以来千三百年もの間、造営され続けてきたのです。

社殿だけではありません。社殿を囲む垣根なども同様です。ですから私たちは、古代とまったく同じたたずまいの社殿に、今もなお参拝できるというわけです。これは世界的にみても大変めずらしいことです。

その特異さは、古代ギリシャのパルテノン神殿と比較するとわかりやすいかもしれません。パルテノン神殿は、強固な石造りです。しかし現在は、世界遺産として保護されており、観光地となっています。すでに信仰の対象ではなくなっているという点では、「廃墟」といってもいいのかもしれません。

一方、伊勢神宮の社殿は、素木(しらき)の建物と茅葺(かやぶ)きの屋根。つまり、「木」と「草」の建物です。本来であれば、時間の経過とともに古びて朽ちてしまいます。

しかし、**社殿を二十年に一度新しくすることによって、千三百年もの間、古代と同じ姿で祈りの場として機能し続けられてきたのです。**

もちろん、歴史背景や信仰の質の違いがあるので、単純に比較することはできません。しかし石造りの立派な神殿ではなく、草と木の簡素ともいえる社殿が、今も祈りの対象として生き続けている。これは、奇跡といっていいのかもしれません。そしてそれを可能にしているのが、式年遷宮という稀有(けう)なシステムなのです。

二十年に一度繰り返されてきた大プロジェクト

では、そもそも式年遷宮とはどのようなものでしょうか。そして、日本の伝統や産業にどのような作用を及ぼしているのでしょうか。まず、その歴史からひもといていきましょう。

式年遷宮の始まりは、六九〇年。天武天皇がご発案され、次代の持統天皇が実施されました。式年とは「定められた年」、遷宮とは「宮を遷す」という意味です。

古代日本の法律書『延喜式』（九二七年）で、「凡そ大神宮は、廿年に一度、正殿・宝殿及び外幣殿を造り替えよ」と明文化され、さまざまな決まりごとが定められています。

式年遷宮の要素は、大きく分けて三つあります。まず、「社殿を新しく造営すること」。次に、「神宝（しんぽう）を新調すること」。そして最後が「大御神はじめ神々に新社殿にお遷りいただくこと」です。

私たちの暮らしにたとえれば、二十年に一度、まったく同じ手順で隣の敷地に住まいを新築し、家具やインテリア、衣類などもすべて同じものをあつらえて引っ越しするということになります。

これを繰り返すのですから、考えただけでも大変な労力です。古くは国家を挙げて取り組んだ一大事業でしたし、現在でも、総額五百五十億円かかる大プロジェクトです。

ではなぜ、二十年に一度、神さまの住まいを遷すのでしょうか。

社殿の清新さと威厳ある姿を保つため、あるいは、古代の経済基盤となった糒（ほしいい）

（干した米）の貯蔵年限が二十年と定められていたためなど諸説ありますが、定説は確立されていません。

しかし、天武天皇が当初定められたとおりに、このプロジェクトを営々と続けてきたおかげで、私たちは古代そのままの社殿を間近に拝することができるのです。

途中、応仁の乱から始まる戦国時代に百二十年間中断しましたが、その時期も、資金や御用材が調達できたらいつでも再開できるよう、当時の神職たちは神事の練習（習礼（しゅらい））にいそしんだと伝えられています。

式年遷宮では、天照大御神に新しい社殿にお遷りいただく「遷御（せんぎょ）の儀」がニュースなどでクローズアップされますが、造り替えるのは両正宮（内宮（ないくう）・外宮（げくう））だけではありません。

正宮に次ぐ十四の別宮（倭姫宮（やまとひめのみや）、月読宮（つきよみのみや）など）も二年がかりで順に造替（ぞうたい）し、神さまにお遷りいただきます。さらに、残りの百九社についても、大宮司（最高責任者）の責任において四十年に一度造り替えられます。

なにしろ社殿は百以上ありますから、作業は式年遷宮の直前まで続き、現在も社殿の造り替えはおこなわれています。

しかし、このしくみには大きなメリットがあります。宮大工たちは他の社殿で研鑽（けんさん）した技術をもって、二十年に一度の両正宮の造替に臨むことができるのです。また、つねにその技術を継続的に磨き、若い世代に継承していくことができているのです。

それだけ、「唯一神明造（ゆいいつしんめいづくり）」と呼ばれる正宮（外宮・内宮）の造営には、特別な技術が必要です。

ところが、驚くべきことに、『延喜式』で定められた正宮の設計には、寸法表示がまったくありません。もちろん、必要な御用材の太さやおおまかな寸法は書かれています。しかし、もっとも重要な接合部分には、詳細な寸法が残されていません。

ですから、現場で実際に御用材を組み、紙一枚ほどの薄さずつ削りながら調整し、足かけ九年もかけて造営がおこなわれます。

木は生き物ですから、天候や環境によってコンディションが変わってきます。設計図に詳細な数字がないのは、実際に社殿が建つ環境のなかで微細な最終調整をするための知恵かもしれません。

生命を循環させ、伝統を守る古代からの知恵

いくら定められたこととはいえ、宮大工が心血を注いで建てた社殿を、わずか二十年で建て替えるなんて、もったいないと思う方もおられるかもしれません。しかし、人の手を入れて木々を植え替えなければ、山は荒れ放題になってしまいます。

一回の式年遷宮では、樹齢二百年のヒノキが一万二千本使われます。この膨大な数を確保するため、本格的に大正十二（一九二三）年から神宮の森林が管理され、計画的に植林や育成が進められてきました。

平成二十五（二〇一三）年におこなわれた式年遷宮では、七百年ぶりにその神宮の森林の間伐材を一部使うことができましたが、その大部分で使われたのは、長野・岐阜両県にまたがる木曽産地を中心とした山々から伐り出してきた樹齢二百年のヒノキです。

そのなかでも、もっとも大きい棟持柱（むなもちばしら）には、樹齢四百年の大きさのヒノキが必要です。四百年前は、江戸時代初期から中期にあたります。

それだけの数のヒノキを、江戸時代の初期から中期の先人たちが植えてくれていたからこそ、私たちは、無事に社殿を建て替えることができたのです。現在植えられているヒノキが実際に使われるのは、あと百五十年先のことです。

社殿に使われていた古材はすべて、全国各地の神社で活用されます。とくに、災害の被災地では役立てていただき、東日本大震災や北海道南西沖地震などの折にも古材が譲与されました。

また、内宮・外宮の棟持柱（屋根を支えるもっとも大きな柱）は、二十年後に宇治橋の前後に立つ鳥居となり、さらに二十年後には、三重県亀山市の関の追分や同県桑名市の「七里の渡し」などの鳥居として生まれ変わります。そして、その二十年後には、地元の神社に譲られます。

このような慣習にも、神が宿る自然の生命を大切にし、循環させていくという神道の考え方が生きているのです。

この考え方がよく表れているのが、「鳥総立て（とぶさたて）」と呼ばれる風習です。これは、大木を伐採したあとの切り株に割れ目を入れ、その木の梢をひと枝挿すという樵（きこり）の風習です。

根元と梢の中間部分（幹の部分）を人間が使わせていただくことに感謝しつつ、残りは神にお返しする。そして、切り株が腐って養分となることで挿した小枝が育ち、再び木が育っていくことを願うのです。

木の再生を願う風習ですが、実際に、切り株が朽ちて挿した梢が伸びるのです。式年遷宮の御用材の伐採では、必ずこの鳥総立てがおこなわれます。

この習慣は、縄文時代から続いているともいわれ、古くは『万葉集』にも詠まれています。自然とともに生きた日本人ならではの、後世に伝えたい伝統的な風習です。

祖先から受け継ぎ、子孫に残す宝物がある

式年遷宮で新しく造り替えるのは社殿だけではありません。一回の式年遷宮で新調する神宝は七百十四種、千五百七十六点。膨大な数です。

ちなみに、神宝は「御装束（おんしょうぞく）」と、「神宝」に分かれます。御装束とは、身につけたり神殿を飾ったりする装飾品や衣服、寝具、織物など。神宝は、武具や馬具、楽器、文具などです。

古代そのままに新調される神宝は、白鳳（はくほう）時代や奈良・平安時代の華麗な様式を継承しています。特殊な技法で染められる染織品、きらびやかな細工が施された金細工や

漆工品など、繊細ななかにも格式高い美を誇ります。

一方、社殿は弥生時代の穀倉庫がモデルで、シンプルで素朴な雰囲気。その社殿と、中に納められる優美で華麗な神宝はひじょうに対照的です。

神宝について、ぜひ知っておいていただきたいことがあります。**伊勢神宮の神宝は、たんに外見をコピーしただけの「レプリカ（複製品）」や模造品ではありません。すべて「本物」です。**

どういうことかというと、最初に作られた神宝と同じ形や大きさ、材質、そして作成技法で、当時の「祖型」をそのまま再現し、承継しているのです（外見だけを模した「複製模造品」と区別するために、これらを「祖型承継再現品」と呼んでいます）。

その仕様については、先述の『延喜式』をはじめ、『長暦二年送官符（おくりかんぷ）』（一〇三八年）、『嘉元二年送官符』（一三〇四年）などで細かく決められています。およそ千年前に記された書物に忠実に従い、当時のままの呼び名を継承しているのです。そのため、奈良時代の宝物を所蔵する正倉院にちなんで**「現代の正倉院」**とも喩えられます。しかしそれだけに、製作の労力もひとしおです。なにしろ千五百点以上の品々を作るのですから、材料だけでも相当な数量になります。

たとえば、装束類を新調するためにどれぐらい絹が必要だと思われますか？　その総量は一・五トンです。それも神宝を作るわけですから、極上品でなければなりません。

かつて私は、神宝装束課長を務めさせていただいたのですが、絹の調達には苦心しました。過去、日本を支えた主要産業だった養蚕業は残念ながら衰退し、現在、国産の上質な絹が手に入りにくくなっているからです。

補足すると、絹には世界的な基準があり、二十一ものランクに分かれています。現在の日本では、最高ランクの絹はほとんど生産できません。その絹を生産しているのは、おもにブラジルの農家で、日本からの移民によって高い養蚕技術が伝わっているのです。

ちなみに、その貴重な最高ランクの絹は、世界的に有名なファッション・ブランドであるエルメスのスカーフなどに用いられているといいます。

しかしながら、日本にはこの最高ランクを上回る〝極上〟の絹があります。「小石丸（こいしまる）」という在来種の蚕から作られる絹です。飼育がむずかしいため、現在は量産されていませんが、近年においてそのいちばんの「生産者」が上皇后陛下でした。

上皇后陛下は、皇居内にある紅葉山御養蚕所において、みずからこの貴重な国産の蚕を育てていらっしゃったのです。上皇后陛下の生産された絹は、じつは今次遷宮神宝にも使われ、また正倉院の文化財修復にも使用されています。

現在、小石丸の養蚕は皇后陛下に受け継がれ、奈良時代から続く純国産の小石丸の養蚕が未来へと継承されています。

その貴重な技術を後世にどう伝えていくか

二十年に一度、神宝を新調するにあたっては、ひとつの大きな伝統的なルールがあります。それは、**できるかぎり国産の資材や材料を使用するというものです。**

これは、おそらく大御神が、日本の国土に住むわれわれが、それぞれの土地にいらっしゃる神々のご神助のもと、みずから労をとって採取・採掘したものや、つくった作物しか納受されないという、自給自足にも通じる考え方があるからです。

神々に捧げられる神宝は、御被(みふすま)（寝具）や御衣(みぞ)（神服）をはじめ、紡績具（糸作りの用具）や御高機（機織機の雛形）、御太刀や御鉾、はたまた御彫馬（馬の雛形）や御琴など多岐にわたっています。

そのため、当然さまざまな資材や材料が必要となります。ひと昔前までは潤沢に供給されていた資材や材料でも、時代の急速な変化によって、今では入手困難なものもたくさんあります。

紙面の都合上すべてをご紹介することはできませんが、神宝とこれらの資材や材料の関係について、少しだけお話ししましょう。

神宮の神宝のなかには、六十振もの太刀をはじめとした鉾や楯があります。これは世界的にみると、きわめてめずらしいものです。**ほかの国々では、神に武器や武具を奉るという風習はほとんどありません。**

それに対してわが国では、伊勢神宮創祀にまつわる崇神・垂仁天皇の御代には、すでに神々に武具神宝が奉られています。なぜ武器である太刀などが神々に奉られるかというと、次回の式年遷宮までの二十年間、神さまをあらゆる邪からお守りする役目を果たすという信仰があるからです。
その太刀のなかでもっとも重要で有名なのが、玉纏御太刀です。「玉を纏う」という名称そのままに、水晶・琥珀・瑠璃・赤瑪瑙・古代ガラスなどの宝石がちりばめられています。これらの宝石も、国内で採取できない瑠璃（ラピスラズリ）以外はすべて国産品が使用されます。また刀身の材料は古代製鉄法「たたら吹き」による玉鋼です。

そして刀身を納める鞘の製作に欠かせないのが、漆です。漆は今や、国内生産率が約三パーセントにしか満たない貴重な資材となっています。
ちなみに太刀類はすべて錦製の太刀袋に納められて神々に奉納されますが、これを縫製するには先述した国産絹糸を植物染料（紅花・紫根・茜・ウコンなど）で染めた色鮮やかなものが使われています。

「第二刀」に指定されている須賀利御太刀は、美しさにおいては、玉纏御太刀に勝るとも劣りません。しかし伊勢神宮では明治以降、この須賀利御太刀を新調するために、ひじょうに気をもんでいます。

なぜかといえば、『延喜式』によって**この太刀の柄に、トキ（朱鷺）の羽根をまとうように規定されているからです。**ところがご存知のように、トキは絶滅が危惧されており、新潟県や石川県の保護地区（この他に東京都と島根県が分散飼育地）にしか生息していません。

トキは江戸時代まではかなりの数が生息していたのですが、農薬の全国的な普及などにより絶滅寸前となってしまったのです。したがってその羽根を手に入れるために、トキ関連のニュースにはいつも耳をそばだてています。

しかし幸いなことに、今回の式年遷宮では環境省の許認可を得て、石川県能美市のいしかわ動物園にて飼育中のトキから自然に抜けた羽根を譲り受け、無事に太刀を完成させることができました。

このような話は枚挙にいとまがありません。多くの篤志家の方のご厚意や、生産者の努力と献身、そして熟練の技によって、毎回危機的な状況を乗り切りながらも奇跡的につつがなく神宝の新調ができてきたのです。

もちろん、資材や材料の調達さえできれば、自動的に神宝が完成するわけではありません。神宝の完成までには、日本各地の伝統工芸作家や職人などの一流の専門家たちによる高度な技術と、献身的な仕事が不可欠です。

伊勢神宮では、とりわけ戦後から強い危機感を抱いてきています。**神宝を調製する伝統技術を支えてきた工匠たちが、どんどん少なくなっているのです。**

お話ししてきたように、定められたとおりに神宝を作るには、熟練の伝統工芸技術（染織・鍛冶（かじ）・漆芸・金工・木工・竹工など）が欠かせません。

たとえば、先にも触れました玉纏御太刀や須賀利御太刀を佩（は）く、つまり装着するのに使用される帯を編むには、特殊技術が必要です。唐組平緒（からくみひらお）というその帯は、一日に約一センチしか編めませんが、その職人は日本に一人しか残っていません。

こうした職人技をどのように後世に受け継いでいくのか。二十年に一度の大切な神宝の新調を守るために、考えていかなければならない大きな課題です。

伊勢神宮では、生産団体や神宝調製者が少しでも経済的に安定していただくことを常日頃より願っています。わずかな取り組みですが、次世代にも事業を継承していただけるよう、また後進の育成にも役立てていただけるように、分割して納めていただける品々は、できるだけ長期間にわたって少しずつ入手するように努めています。

これに呼応されるかのごとく、精魂を傾けて作られた品々を納めるために、生産者や職人の方々は伊勢まで足を運んでくださいます。私たち職員はそれらの品々を感謝とともに受け取り、大切に使わせていただいています。

配送業者に頼めば、手間暇を省けると思われるかもしれません。しかし、神さまに捧げる赤誠（心から敬う気持ち）は、このようなところにも表れているのです。

共同体のなかで育まれた「足るを知る」文化

式年遷宮がなぜ千三百年もの間、古代のまま続いてきたのでしょうか。

それは、日本人が「もっと、もっと」という拡張思想をもたなかったからであり、その代わりに「足るを知る」文化をもっていたからだと私は思います。

創意工夫を凝らしたり、合理化を図ろうとしたり、規模を広げようとしたりせず、愚直ともいえるほどの手間と時間をかけて先人たちの歩みをなぞってきた。だからこそ、今も伊勢神宮では、貴重な伝統が守られているのです。

私たちが祖先から受け継いだ知恵で、今こそ必要だと感じるのが、この「足るを知る」という考え方です。

「足るを知る」という概念は、海外ではあまりなじみがないようです。日本人はよく、海外から「内向き志向」だといわれます。とある研究でも、日本人をはじめとする東洋人はどちらかというと内側へ向かい、内省していく。一方、西洋人は、外へ答えを求めようとする傾向があるといいます。

「内向き志向」は否定的な意味で使われることも多いのですが、私は必ずしも悪いことだとは思いません。過分な欲望をもたず、今に満足し、答えは自分のなかにあると知って謙虚に生きる。それもまた、日本人のひとつの美徳だとも考えるからです。

では「足るを知る」考え方は、どのように生まれたのでしょう。島国の日本は、もともとは日本列島のなかで文化や産業が完結していました。

歴史をみれば、もちろん海外との交流もありましたが、日本は完成されたひとつのコミュニティーとして長らく続いてきたのです。祖先たちは代々土地に密着して自給自足の生活を送り、多くの人が生まれ育ったところを離れることなく一生を終えました。

そのような土壌のなかで与えられた環境を受け入れ、身の丈に合った暮らしをする「足るを知る」という国民性が育まれてきたのです。

もちろん、経済的な発展は大切です。しかし、「足るを知る」からこそ得られる充実感、共同体で助け合って暮らす安心感、そして人とのあたたかなつながりがあることも、忘れてはならないと思います。

そのような歴史のなかで、神社はつねに村や町の中心であり、人々の共有地としてコミュニティーのかなめとなる役割を果たしてきました。また、鎮守の森は守護の象徴であり、神々が宿る森として人々の精神的なよりどころとなってきました。

神社や神々は、これまで長きにわたって日本人に落ち着きとやすらぎをもたらす存在であり続け、その精神性のいしずえをつくってきたのです。

しかし、そもそも神道、神社、そして神々は理屈で考えるものではなく、体全体で感じるものです。私たちの祖先たちも、論理や思考を使って神々と向き合ってきたのではありません。

日々自然とともに生きながら、また神社にお参りしながら、そこに神々の存在を感じ取り敬ってきた。その時間の積み重ねが、日本人の資質をおのずと育んだのだといえるでしょう。

日本人は古来、鎮守の森にたたずみ、木や風や土などに宿る神の存在を感じてきました。自然のなかに身を置くとき、おのずと感謝と畏敬の念が湧いてくる。ただそれだけで、拝殿の前で参拝したことと同じになるとさえ考えてきました。

そのくらい自由に、またのびやかに神々との関係を結んできたのです。そのような絆（きずな）が結べたのは、神さまへの深い敬愛があったからこそであり、豊かな感性があったからこそでしょう。

第５章

神道的生き方のすすめ

「天皇晴れ」という言葉を知っていますか

神々は、自然の変化を通して、その存在を感じさせてくださることがよくあります。
平成二(一九九〇)年、現上皇陛下が即位礼および大嘗(だいじょう)祭のあと、伊勢神宮に御親謁になられた際のことです。当日はあいにくの雨模様で、陛下の乗られる馬車には幌(ほろ)がかけられていました。

ところがご親拝の直前に雨が突然やみ、見事な青空が広がったのです。これには、居合わせたマスコミの記者たちが一様に度肝を抜かれていました。

私たち伊勢神宮の神職にとって、じつは、このような自然との共鳴現象はめずらしいことではありません。神事の最中に風が吹いてきたり、日が差してきたりするようなことがよくあるのです。

私自身、今でも鮮明に覚えているシーンがいくつかあります。そのひとつが平成二十六（二〇一四）年、式年遷宮の完遂後に、現上皇后陛下が参拝された折のことです。

当時、広報課長だった私は、正宮の外玉垣（とのたまがき）と呼ばれる垣根の外で報道規制の任にあたっていましたが、**当時はまだ皇后陛下であられた上皇后さまがご参拝された瞬間、それまでシーンと静まり返っていた境内の森で、鳥がいっせいに鳴き始めたのです。**

まるで森がどよめくように四方から響き渡る鳴き声は圧巻でした。そしてそのどよめきは、上皇后さまがご参拝を終えられて御門を出られると、ピタッとやんだのでした。

上皇后さまのご存在に、伊勢の森の鳥たちが共鳴し、歓迎と歓喜の歌を歌い上げたのではないかと思っています。今でも忘れ得ぬ出来事のひとつです。

歴代の天皇陛下に関しては、先ほどお話しした例のように、天気に関する現象がよく見られます。

伊勢に限らず東京でも、天皇（今上）陛下の「即位礼正殿の儀」の際に、午前中は雨だったにもかかわらず晴天になり、大きな虹まで出たのは記憶に新しいでしょう。こうした現象がたびたび起こるので、「天皇晴れ（The Emperor weather）」という言葉まであるほどです。

昭和五十（一九七五）年、昭和天皇が渡米された折も、空港に降り立たれたとたんに雨がやんで、空港中が明るい日差しに包まれたそうです。このときのことを、ABC放送の記者が「陛下が太陽をお連れになられた」といったというエピソードが伝えられています。

このように、**自然と共鳴する力は、人は誰しももっていると私は思います。**人は自然と共存し、また自然が巻き起こすさまざまな変化に感応しながら生きているからです。

それが皇室の方々に顕著に現れるのは、天皇陛下や皇后陛下がつねに国民の幸せを希求され、日本の平安のために祈りを捧(ささ)げる特別な役目を担ってくださっているご存在だからでしょう。

しかし、その力を自分たちがもっていることを思い出せば、神々はいつでも自然のなかにご自身の存在を見せてくださる。私はそう思っています。

笑顔で生きることが、神々との絆を強くする

自然と共鳴し、また神さまとの絆（きずな）を深くするにはどうすればいいのでしょうか。それは、神々に喜ばれ、愛される生き方をすることです。といっても、けっしてむずかしい話ではありません。**何ごともおもしろがって、楽しく生きればいいのです。一言でいえば、「笑って生きる」ということです。**

そんな単純なことかと拍子抜けするかもしれません。しかし、孫のいきいきとした笑顔が見られれば、おじいちゃんやおばあちゃんはそれだけで幸せです。神さまにとっては、人が毎日機嫌よくニコニコと過ごしている姿を見るのが、何よりの喜びなの

です。

神に喜ばれる生き方はそのまま、この現し世での人生をよい方向に進めていきます。

『古事記』や『日本書紀』では、笑いは「祓い」の一種であるとされています。笑いが邪気を祓い、エネルギーを浄化すると考えるのです。

神社に奉納される神楽にも笑いを誘う演出が含まれます。「笑う門には福来る」といいますが、最近では笑いに免疫力アップやストレス軽減効果があるという研究が報告され、医学界でもその効用が注目されるようになりました。

先述したように、笑いは天岩戸に引きこもっておられた天照大御神さえも、外の世界にお出しする力をもっていました。

『古語拾遺』には、天照大御神が現れられて地上に光が戻ったときの様子が、次のように描かれています。暗闇に現れられた天照大御神の光に照らされ、「八百万の神々の面（顔）が白く見えた」というのです。「白く」とは、「はっきり」という意味ですが、**「おもしろい（面白い）」の語源はここから来ています。**

さらに記述は、神々が「手を伸(の)して歌ひ舞ふ」と続きます。これは、手をつないで歌い踊るという意味です。再び光に満ちた世界で、神々が歓喜しながら踊る姿が浮かんできます。手は「た」とも読み、「手(た)を伸して」は、「楽しい」の語源に通じます。

おもしろく楽しい生き方をすれば、自然に笑いの多い人生になります。

まずは何ごとも、おもしろがってみましょう。「あ、これをやってみようかな」と直感で思うことは、神さまがあと押ししてくれている場合が多々あります。大げさに考えず、気軽にやってみるといいでしょう。

神さまは、人が好きなことをやり、おもしろいなと思える毎日を生きれば生きるほど、人生がその方向で進むよう応援し、保証してくれます。

天岩戸は、最終的には天手力男命(あまのたぢからおのみこと)の腕力で開きましたが、人生の扉は笑顔によって開く自動扉。「おもしろそうだからやってみよう」が不調や不幸を祓い、チャンスの扉を開けるのです。

神道には、先に笑って祝うことで望む現実を引き寄せる「予祝（よしゅく）」という考え方があります。笑顔で喜ぶ行為を先取りして、願いをかなえる方法です。

第2章でお話しした春祭りには、秋の豊穣を願って「予祝」をおこなう意味もありました。春祭りでは、まだ訪れていない秋の豊作を型や行為で表して春に祝い、あらかじめ宣言しておくのです。人々も宴を開き、おおいに笑い合って、秋の収穫が訪れたかのように祝います。

すると、神さまも「そんなに喜んでいるのならかなえてあげようか」と豊かな作物を実らせてくれるのです。

この習慣は今でも残り、最近では神事だけでなく一般にも広がっています。実際に、予祝をしたことで夢や願いがかなったという方も少なくありません。予祝したあとは願ったことに執着せず、日々楽しみながら、やるべきことを淡々とやっていくのが願いをかなえるコツです。

先に述べたとおり、古代の人は、現し世が隠り世に影響を与えていたとも考えていました。予祝は、神と人の世が双方向で通じ合っていることを教え、神々の世界に人の世界も影響を及ぼすことができると教える古くからの伝統です。

神道の知恵を使って楽しく暮らし、神々への世界へ働きかけ、幸せな人生への自動扉を開ける方法とはいったいどういうものなのか、少しお話ししていきたいと思います。

今こそが「理想の時代」であるとする基本哲学

いつも笑顔でいたいと思っていても、人生にはつらいことや苦しいこともあるものです。またときには、乗り越えなければならない試練もやってきます。笑顔になどなれないと思う日もあるでしょう。

そんなときに、ぜひ思い出していただきたい、神道の基本があります。それは、**「自分自身の現実を、絶対的に肯定する」**ということです。

言葉でいうのはかんたんだが、実際にできるかといえばやはりむずかしい……。そう感じるのは、未来を憂いたり過去を悔やんだりしているからかもしれません。

神道には、「神代在今（かみよいまにあり）」という言葉があります。「神代在今」とは、どういうことでしょうか。**今この瞬間こそが「神代」、すなわち「理想の時代」である、ということです。**

理想の時代とは、いつ来るかわからない未来にあるのではなく、過ぎ去ってしまった遠い過去にもあるのではなく、今というこの瞬間にすばらしい理想が実現している。今いる場所こそが、神々のいる世界――高天原（たかまのはら）そのものであるという考え方です。

ほかの宗教では、あまりこのように考えません。キリスト教では、天に召され、天国で生まれ変わる未来が理想とされています。

仏教では、釈迦（しゃか）が生きていた二千五百年前、あるいは、弥勒菩薩（みろくぼさつ）が現れてこの世を救済するといわれている五十六億七千万年後を理想としています。どちらも、理想の時代は、過去か未来です。

しかし神道は、未来にも過去にも理想を求めません。**過去も未来も「今この瞬間」**

にすべてたたみ込まれている。未来は確定しておらず、今のあり方でどのようにでも変わっていく。このように考えます。

英語では「現在」を「present」と書きますが、「今この瞬間」が神さまから贈られたプレゼントであると考えるのです。

神道の時間に対するとらえ方を、視点を変えて見てみましょう。ギリシャ神話には、時間を操るクロノスとカイロスという二柱の神さまが登場します。

クロノスの時間は、過去・現在・未来と一直線に進んでいきます。一方、カイロスの時間は過去も未来も含まれた「今」が永遠に続く時間です。神道の時間は、このカイロス的な時間です。

といっても、仮にですが、自分が裁判で不利な状況にあるときに、今が理想の状態であるとはとても思えないでしょう。しかし、それも神からの「present」だと受け入れ、「今」という瞬間を肯定する。

たとえ、自分にとってマイナスだと思えるようなことが起きたとしても、それをプラスに転じる何かが「今」という瞬間に含まれていると気づく。それが、神道的なあり方です。そのようなとらえ方をすると、万が一裁判に負けたとしても、次の新たな展開が訪れるのです。

そのためには、まず先に今の状況を受け入れるという姿勢が大切になります。起こることはすべて、神さまが与えてくださったものですから、自分のもとにやってきたものにケチをつけるのは、神さまに文句をいっているのと同じなのです。

私がそのことに気づけたのは、奉職したばかりの二十代のころ、上司である大正生まれの禰宜（ねぎ）からいわれた一言がきっかけでした。

ある神事でのことです。伊勢神宮での神事は、屋外でおこなわれることも少なくありません。雨が降ると準備や段取りに四倍くらいの手間がかかります。ある雨の日、口にこそ出しませんでしたが、若かった私の心には雨を厭（いと）う気持ちが湧いていました。

上司は、そんな気持ちを察したのでしょうか。「天気に文句をいうのは、天（神さま）に向かってツバを吐きかけているのと一緒だぞ」と諭してくれたのです。

私はハッとして、それ以降、考えをあらためたのでした。

すべてを「ゼロ」にしてやり直す究極のリセット法

「今」があるのは、自分だけの力ではありません。八百万の神々の働きやご先祖さまの守護があり、また、さまざまな人たちの存在があるからこそ、日常が成り立っているのです。

与えられているものすべてに感謝し、一見否定的な現実であっても受け入れてみれば、神さまが必要なプレゼントをくださる。つまりどんな状況も「理想」であり、肯定すべきものである。このように考えれば、どんな状況も笑顔で受け止められるでしょう。

万が一、絶体絶命のピンチになっても必ず復活できる——このことを、数々の神話が教えています。『古事記』には、敗者復活の物語がいくつも登場します。

その代表格が、天岩戸のエピソードで登場した須佐之男命（すさのおのみこと）にまつわる神話です。もともと乱暴者だった須佐之男命は天岩戸の事件をきっかけに、爪やヒゲをすべて抜かれて天界を追放されました。爪やヒゲは呪力を表します。ですから、ゼロの状態になって地上界へと追いやられたわけです。

しかし須佐之男命は、それで終わりませんでした。地上に降り立たれたあと、日本を旅するなかで、ヤマタノオロチを酒で酔わせて退治して困っていた人々を助けられ、さらにはすばらしい伴侶まで得られて、見事に復活を遂げられています。

神道で極限状況をどう切り抜けるかについては、ひとつのセオリーがあります。

第3章でお話ししたように、すべてを祓って、できるかぎり「ゼロ」に戻すのです。お祓いもその手段のひとつですが、古代律令国家には、「科祓」と呼ばれる独特な刑罰がありました。

　罪を償うために、国に対して馬などを寄付するというものです。馬は、現在の高級外車くらいの価値がありますから、ほぼ破産に匹敵するほどの没収です。要するに、**すべてをゼロにしてやり直す「究極のリセット」です。**


　実際の人生では、このような極端なことが起こる可能性は低いかもしれません。しかし万が一の事態が起きたときは、自分自身のゼロの状態がどうだったかを思い出してみましょう。

　そして、執着をいったん手放し、状況をとらえ直してみると、新たな活路が見えてくるでしょう。その上であらためて今を受け入れ、できることをやっていく。そのような人を、神々は応援してくださるのです。

今どう生きるかが、未来のすべてを創っていく

今という瞬間を受け入れて生きることについて、もう少しお話ししていきましょう。

それは、「今さえよければ、未来はどうでもいい」という刹那的な生き方ではありません。

この瞬間の判断が未来を創っていくと考え、先人に感謝し、過去の歴史から学んで、行動していく生き方です。

たとえば、あなたがコップで水を飲んだとします。そのコップを床にたたきつけて割ってしまうのか、あるいは、丁寧に洗って戸棚に戻すのか。その行動によって、未

来はまったく変わります。

「今にすべてがある」と理解していれば、未来のためにコップを大切に扱おうと思うでしょう。

自分自身の行動を決める際に、過去の偉人や聖人たちであればどうするだろう。未来の子どもたちにどんな影響があるだろう。このように思いを馳せ、「今やること」を判断する。

自分が先人の歩んできた道と未来への道のなかで生きていることを忘れず、子孫を思う選択をする。これが、今を生きることだと思います。

伊勢神宮でも、未来に続く森づくりのために、毎年、式年遷宮用のヒノキを植林しています。今年植えたヒノキは、二百年後の子孫が使います。前回の式年遷宮で使われた御用材は江戸時代の人が植え、代々管理し育ててくれたものです。

基本的に神道では、**起こる出来事の九十～九十五パーセントは必然だが、残りの五**

〜十パーセントは偶然や自由意思で決まると考えていると思われます。つまり、未来は確定しているものではなく、今の自分しだいで変わっていくものだととらえているのです。

誰もが喜び合える未来から逆算して、何をするかを選択していく。それが「今」を生きる私たちに求められていることではないでしょうか。

神さまと人とは絶対的な保証関係にある

これまで何度かお伝えしてきましたが、神々と私たちの関係は、「おじいちゃんやおばあちゃん」と「孫」のような間柄だと思ってもらえるとよいでしょう。言葉を換えれば、**神道においては、神と人とは、強い絆で結ばれた「保証関係」にあるといってもよいでしょう。**

おじいちゃん、おばあちゃんにとって、孫は「かわいくてしかたがない存在」です。そこには損得や条件などはまったくありません。おばあちゃんが孫の幸せや成長を目を細めて見守るように、神さまも、人が幸せになる姿を微笑んで見ています。人を無条件でかわいがってくださっているのです。

そんな神さまと人との関係を物語るのが、『日本書紀』の中にある「天壌無窮の神勅」。かんたんにいえば、「天地とともに永遠に続く皇位と国家を保証される神さま（天照大御神）のお言葉」です。

日本という国は、天上界（高天原）の天照大御神が、当時、葦原中国と呼ばれた地上界（日本）を統治するために、瓊瓊杵尊を遣わされたところから始まります。

瓊瓊杵尊は、天照大御神の孫にあたる神さまです。「おばあちゃん」である天照大御神は孫の瓊瓊杵尊に愛情と信頼を寄せられ、激励のお言葉とともに送り出されました。

少し長くなりますが、日本の神々と私たちの関係を理解する上で大事なお言葉ですので引用します。

豊葦原の千五百秋の瑞穂国は、是、吾が子孫の王たるべき地なり。宜しく爾皇孫就きて治せ。さきくませ。宝祚の隆えまさんこと、まさに天壌と共に窮りなかるべし。

【現代語訳】稲穂が実り、豊かなお米が収穫できる豊穣の国日本は、私の子孫が君主となるべき国。だから、孫であるあなたが降り立って統治しなさい。さあ、お行きなさい。皇位の存続は、天と地に限りがないのと同じように、日本の国の繁栄とともに永久に保証します。

血縁で結ばれたかわいい孫だからこそ天照大御神は瓊瓊杵尊を遣わされ、このように、国の行く末を保証されました。その日本に住む私たちもまた、「孫」として神々から安全と繁栄を保証されています。

たとえピンチに陥ったとしても必ず保護し、再生を約束してくださる存在。いかなるときも安心して受け止めていただける存在。それが、日本の神々なのです。

おばあちゃんは、孫の喜ぶ顔を見るのがうれしくてたまりません。また、孫へのプレゼントに見返りを求めることもありません。神さまもまた同じです。

ただし、どんなにやさしいおばあちゃんでも、孫が誤った道に進んだり、自分の命を粗末にしそうになっていたりしたらピシッと叱るはずです。神さまも、**人が間違った道に進もうとしていたら、本来の道に戻って幸せになるために、何らかの手立てによって気づかせることはあるかもしれません。**

しかしそれは「絶対的な存在」が、一方的に罰を与えるということではありません。神さまも人間がかわいいからこそ、その成長を願い、やさしさや慈しみをもってあえて厳しく導くのです。

人をいとおしみ、どんなときも大きな心で見守ってくれる。

そのような神さまに向き合う思いを、戦後初の祭主（さいしゅ）（天皇陛下の大御手代（おおみてしろ））を務められた北白川房子内親王が、次のように詠まれています。

かたじけな　おごそかにして　したはしき　大御祭も　今しつかえぬ

（現代語訳　ありがたく、また厳かで慕わしい大御神さまの神事に、たった今、無事にお仕え申し上げたところです）

これは北白川祭主が祭事に臨まれた際に詠まれた歌です。

「かたじけな　おごそかにして　したはしき」とは、「ありがたくてしかたがない、厳かだけれども、その半面とても親しみ深い」という意味です。

どんなときもあたたかく包んでくれるおばあちゃん、そして、間違ったことをすると叱られるけれど、正しい道へと導いてくれるおじいちゃん。そのような存在こそが神さまだと、見事にいい表している歌だと思います。

自己犠牲は神さまがもっとも悲しむ生き方

神さまが喜ぶ生き方をご紹介してきましたが、神さまが悲しむ生き方とはどんなものでしょう。**その最たるものが、自己犠牲です。**

もちろん、誰かのために行動することは大事です。しかし、「私が我慢すれば」と考えると、自分自身を犠牲にしてしまいます。それは神さまの喜ぶ生き方ではありません。

孫が自分を犠牲にする生き方をしていたら、当然、おばあちゃんは悲しみます。おばあちゃんのいちばんの願いは、孫が人生を思いどおりに楽しく生きていくことだからです。

第2章で、悪神である禍津日神（まがつひのかみ）と善神が切磋琢磨（せっさたくま）することによって、世界は発展するとお話ししました。この構造を別の側面から見ると、悪（マイナス要素）は自分を成長させるためにあるのだと考えることもできるのです。

もし今、職場の人間関係で犠牲を強いられていると感じたり、上司から理不尽な扱いを受けたりしているのであれば、このように考えてみてください。自分につらくあたる人は禍津日神かもしれない、と。

そう考えれば〝禍津日神〟は、自分自身を鍛える存在や反面教師として成長させるための存在に変わります。すると、感情的に揺さぶられることが少なくなるでしょう。また、犠牲になっているという感覚が薄れ、苦しい状況を自分自身の成長へとつなげていけるでしょう。

神道は、**この世に不要なものはいっさいないと考えます。**このようにとらえて誠意をもって仕事をしていると、直毘神(なおびのかみ)のような善神が現れて救いの手をやさしく差し伸べてくれる。そういったこともよくあるものです。

それでもつらいと感じる場合は、次の職場に移るという選択もあるでしょう。ただし、もし転職をするとしても無責任な辞め方をすることは、神さまが喜ぶ行動とはいえません。ぜひ自分の仕事を引き継ぐ人が決まるまでは、仕事を続けていただきたいと思います。

仕事とは当然、生活の糧を得るためのものですが、目的はたんにそれだけではありません。どんな職種であれ、仕事をすることによって人に喜ばれ、何かしらの社会貢献をしています。

自分自身を大切にするのは大事ですが、人として生まれたからには、どれだけ他者に喜んでもらえるかを考えていくことが重要です。自分のポストに穴を開けてしまうのは、周囲の人に迷惑をかけるだけでなく、その仕事で誰かが世の中に貢献できる機会を逸することになってしまうのです。

もちろん、懸命に取り組んだとしても、相手にどの程度喜んでもらえるかは自分では決められません。だからこそ誠意をもってやるべきことに取り組んでいきたいと私自身は思っています。

どんな仕事であれ、辞めるときは「ハッピーエンド」を意識してください。まわりから惜しまれながら辞めるのであれば、次の職場でも必ず頼りにされる人材になり、さらに社会貢献もしていけるでしょう。

世界平和よりもまずは自分の幸せを祈ろう

ときどき、神社では自分のことではなく、「世界平和」を願うという方がいらっしゃいます。その気持ちはすばらしいものですし、社会に関心を向けたり他者を思いやったりすることは大事です。

ただし、もし本当の意味で「世界平和」を祈るのであれば、会ったこともない人たちの運命をすべて背負うくらいの覚悟が必要だと思います。それは、誰にでもできることではないでしょう。

私たちが心配しなくても、天照大御神が八百万の神々の中心にいて、この世の秩序と平和、そして繁栄を守ってくださっていますから、安心してください。

また、神々の世界の現し世である日本でいえば、天皇陛下がその役割を担ってくださっています。そのような特別な存在が祈ってくださっているのですから、逆にいえば、私たちが世界平和を祈るのは、ある意味、おこがましいともいえるのです。

世界平和を祈るなら、まず自分の幸せを祈りましょう。自分が満たされていなければ人を幸せにすることはできません。自分や身近な人を幸せにできないのであれば、世界平和も実現はむずかしいでしょう。

たとえば、自分自身に余裕があって百五パーセント満たされているとしたら、百パーセント分を自分で使い、残りの五パーセントで他者に貢献していく。そんな考え方もできます。

幸せとは、どこか遠いところにあるわけではありません。自分自身の目の前、手の届くところにあるものなのです。

身近な人、実際に会える人、直接話せる人たちに喜んでもらえることは何かと考える。自分の仕事で目の前の相手に喜んでもらう……。そうやって周囲の人を大切にしていくと、そこから人間関係が広がって、さまざまなつながりが生まれます。

目の前のAさんがBさんを紹介してくれて、BさんがCさんと引き合わせてくれる。そのようにしてどんどんご縁が広がり、あわせて運も発展していくのです。しかし、今自分の近くにいる人を大切にできなければ、新たなご縁は広がりません。
また、会ったこともない人を大事にしようと思っても、それは無理な話です。私たちは、直接会って話ができる人、自分と関わりのある人しか大切にすることはできないのです。

自分が今いる場所から伸びている道を歩いていけば、神さまは必ず、そのときどきで必要な人と出会わせてくれます。その出会いに気づいて大切にしていくと、いつしか世界平和へと道がつながっていくでしょう。

そのためにも、「神さまの分身」でもある自分にやさしい生き方をして、自分自身と周囲の人を大切にしながら前進していっていただければと思います。

神さまという「鏡」を通して、自分自身を知る

神社の拝殿正面には、よく鏡がしつらえてあります。これは神さまのご神徳が宿る神聖な鏡です。

鏡はすべての光を反射させ、跳ね返します。つまり、**自分が神さま（鏡）に向かっていった言葉や発したエネルギーは、すべてそのまま自分自身に返ってくるといっていいでしょう。**このように考えると、神社は自分に宿る神と向き合う場所だともいえます。

思想家・教育者として知られる新渡戸稲造（にとべいなぞう）は、世界的な名著『武士道』のなかで、神社の拝殿にある「素鏡」は「人の心を表す」として、神社に参拝する目的を「自分自身を知ることにある」と書いています。

参拝は、「神さまの視点」を通して今の自分を見つめ直す機会となり、これから進むべき道を考える「種」となるのです。

そういった意味で、日本の神さまは「相談できる神さま」だといえます。神前では、悩みごとを相談するのはもちろん、泣き言をいってもかまいません。あるいは、自分なりの誓いを立て、それを神さまに聞いていただくのもいいでしょう。

神さまと人は、双方向で通じ合っています。おばあちゃんに相談ごとをするように、神さまという鏡に映して自分の思いをかえりみると、そこにあるべき答えがおのずと浮かび上がってくるでしょう。

同時に神道では、**自分自身の心のなかにも鏡があると考えます。**

先ほど、双方向で通じ合っているとお話ししましたが、神さまからはあなたに「直感」や「ひらめき」という形で答えが返ってきます。

もし自分自身の鏡が曇ったりゆがんだりしていたら、それを正確に映し出すことはできません。神さまがどんなにあなたを導きたいと思っても、その助けを受けるのはむずかしくなるのです。

そんな事態を避けるためにも心身をクリアに保ち、ニュートラルでいられるように整える必要がある。そして、つねに神社で祓い清められ、自分自身と向き合うことが重要になってくるのです。

あたりまえの日々を大事にするのが「神道的生き方」

日々の神事や掃除などを通して、私たち神職が神々に仕えるときのいちばんの作法は、周囲から見たら**「神さまと遊んでいるように見えること」**ではないかと、私は考えています。

邪心なくエネルギーの澄んだ状態でお仕えすると、無垢な子どもが神さまと自由に遊んでいるように見えるのではないかと思うのです。

生きているうちに、そこまで究められるかどうかはわかりません。しかし、そのような心がまえで、自分自身の感性や振る舞いをとことん研ぎ澄ませていけたらと思っています。

神さまに喜ばれる生き方についてお話ししてきましたが、その基本もじつは自由でシンプル。一言で表すなら、**「普通に楽しく生きていくこと」**です。

周囲の人と調和しながら自分の暮らしをいとなみ、毎日をほがらかに過ごす。これが、神さまに喜ばれる神道的な究極の生き方なのです。

ですから、何より優先すべきは日常生活です。神棚に手を合わせたり祈っていただいたりすることもとても重要ですが、一日で数分あれば十分です。

神社への参拝も自然体がベスト。折に触れて神社へ足を運んでいただければもちろんうれしいのですが、参拝ばかりしていて、現実がおろそかになっては本末転倒です。「今日は少し時間があるから、近所の氏神さまにご挨拶に行っておこうか」といった感覚でお参りいただければと思います。

日々祈りの心さえ忘れなければ、季節や人生の節目に神さまの存在を思い出し、お参りいただくだけでも神さまは喜んでくださるでしょう。

江戸時代ころまでは、遠くから聞こえてくる近所の神社の祭り囃子に気づき、「ああ、今日は〇〇神社のお祭りか」と思いを馳せるだけでも、お祭りに参加したことになると考えていたそうです。そのくらいやさしく融通がきくのが、神道の考え方なのです。

もちろん神社では「神さまの助けを得て、大きな目標を実現したい」「特別な力で、夢をかなえてもらいたい」と願っていただいてもいいですし、壮大な目標に向かってがんばる姿も尊いものです。

しかし、**ないものを得ようと必死になるよりも、神さまがすでに与えてくださっているたくさんのものに目を向け、今日一日をしっかり生きる。**その結果、いつの間にか社会に貢献できて、長年の夢がかなっていた。多くの人に喜んでもらい、実現したいと思っていた目標を達成できていた……。

毎日ほがらかな気持ちでやるべきことをやり続けていけば、そんな現実がやってくるでしょう。私自身もできるだけ日々を楽しくワクワクした気持ちで送り、神さまに仕えていきたいと思っています。

そろそろ筆を擱くときが近づいてきました。神職としての三十年の実践から得た私なりの思いを綴ってきましたが、伊勢にお参りに来られる際は、この本でお話ししてきた参拝の作法などはいったん忘れていただいてもかまいません。

あなた自身の自由な感覚を大事にして、まっさらな気持ちでお参りにいらしてください。そして広大な伊勢の森を歩き、頬に風を受けて、神々の存在を五感で感じ取ってください。

五十鈴川の水の冷たさに神を感じる人もいれば、玉砂利を踏みしめるたびに聞こえるリズミカルな音に神を感じる人もいるでしょう。あるいは、シンプルな社殿のたたずまいに厳かな神の存在を感じ取る人もいるかもしれません。

それぞれのスタイルで神を感じていただければと思います。神道や神さまの存在は論理や思考で理解するものではなく、体全体で感じるものだからです。

伊勢の森に足を踏み入れ、たたずむだけで、自然に感謝の思いが湧いてくるでしょう。その感謝とともに、あなたの願いを神々に伝えてください。

天照大御神をはじめとする伊勢の神々は、おばあちゃんのように微笑みながらいつでもあなたを待っています。そして、たとえ離れていたとしても、つねにあなたの幸せを願い、行く道を見守ってくださっています。

エピローグ

最後までお読みいただき、ありがとうございます。

五十代も半ばに達しようという年齢になり、初めて自分自身の神道観や伊勢神宮の成り立ち、神事や祈りの意味について書いた本を上梓する機会に恵まれたことに、心から感謝します。

この拙文が、伊勢神宮という心のふるさと、暮らしのふるさとをより深く知っていただく機会となり、また、天照大御神をはじめとする八百万の神々と多くの方がさらに近しくつながるための一助となれば幸いです。


本書を書くきっかけは、母校皇學館大学在学中にさかのぼります。

ある授業のなかで、恩師・鎌田純一先生から「神道の定義とは何か。あえて宗教という言葉を使って、簡潔に定義してみよ」と問われたのです。

私は、神社ではそれぞれの人が自分の感覚を使って神の存在を感じていること、そしてその受け取り方は千差万別でいいと考えていることを述べ、「神道とは〝感性〟の宗教だと定義します」と答えました。

すると先生は、しばらく目を閉じて考えられたあと、「もう一歩進めて〝直感〟の宗教と定義してはどうか」と助言してくださいました。そして、諭すようにこうおっしゃったのです。

「君が確信をもって、神道を定義できる日がいつ来るかはわからないが、生涯にわたって神道の定義について模索し、自分なりの答えを必ず導き出しなさい」

ながらく時間が経過してしまいましたが、この本でみなさんにお話ししてきた私なりの神道観は、今は亡き恩師へのつたない回答であることを、ご了承いただけたらと思います。

五十歳は『論語』でいう「天命を知る」年齢です。その年を過ぎてもまだ、伊勢神宮や神道を語るには浅学であり非才であるとつくづく感じます。しかし、勇気を奮い立たせて本書をしたためました。

それは、この激動の時代において、日本が世界に誇る財産である伊勢神宮が、そして、縄文時代から日本人の心の支えであった神道の考え方が、ますます必要になってくるという思いからです。


本書のなかでもお話ししたとおり、わざわざ遠くに答えを求める必要はありません。自分自身のなかに答えがあり、「神」がいます。

そのことを思い出すために、伊勢神宮に、また近所の神社に、足を運んでいただけたら、神職としてこれほどうれしいことはありません。

あなたの「今」が神々とともにあり、一瞬一瞬が楽しく充実したものであるために、本書がお役に立てることを祈っています。


本書がこのように世に出る絶好の機会を与えてくださった、スタープラチナ株式会社社長兼ビジネスプロデューサーの道幸武久氏に、まずは厚く御礼申し上げたく思います。

そして、本書を結実することができましたのは、ひとえに株式会社サンマーク出版編集部の斎藤竜哉氏およびライターの江藤ちふみ女史の、並々ならぬ編集作業とご尽力があればこそと、深く感謝申し上げるしだいです。

それから常日頃より著者の執筆・講演活動に一方ならぬご支援とご協力を頂戴している株式会社トータルヘルスデザイン社長の近藤太郎氏をはじめ、高木みのり女史・月野ことり女史以下、同社社員の皆様方のご厚意と応援の数々にも、この場を借りて深甚なる感謝の意を捧げたく存じます。ありがとうございました。

令和二年十月

吉川竜実

吉川竜実（よしかわ・たつみ）

昭和三十九（一九六四）年大阪府生まれ。皇學館大学大学院博士前期課程修了後、平成元（一九八九）年、伊勢神宮に奉職。神宮禰宜、博士（文学）。

平成二（一九九〇）年、即位礼および大嘗祭後の天皇（現上皇）陛下神宮御親謁の儀、平成五（一九九三）年第六十一回式年遷宮、平成二十五（二〇一三）年第六十二回式年遷宮、平成三十一（二〇一九）年、御退位につき天皇（現上皇）陛下神宮御親謁の儀、令和元（二〇一九）年、即位礼及び大嘗祭後の天皇（今上）陛下神宮御親謁の儀に奉仕。

神宮徴古館・農業館館長、式年遷宮記念せんぐう館館長、教学課主任研究員。平成十一（一九九九）年第一回・平成二十八（二〇一六）年第三回神宮大宮司学術奨励賞、平成二十九（二〇一七）年、神道文化賞受賞。

いちばん大事な生き方は、
伊勢神宮が教えてくれる

二〇二〇年十一月十日　初版発行
二〇二一年一月十日　第三刷発行

著者　吉川竜実
発行人　植木宣隆
発行所　株式会社サンマーク出版
〒一六九‐〇〇七五　東京都新宿区高田馬場二‐一六‐一一
電話　〇三‐五二七二‐三一六六

印刷　三松堂株式会社
製本　株式会社若林製本工場

ISBN 978-4-7631-3845-3　C0030
ホームページ https://www.sunmark.co.jp

祖父・多田等観が語った
チベット密教 命がホッとする生き方

佐藤 伝

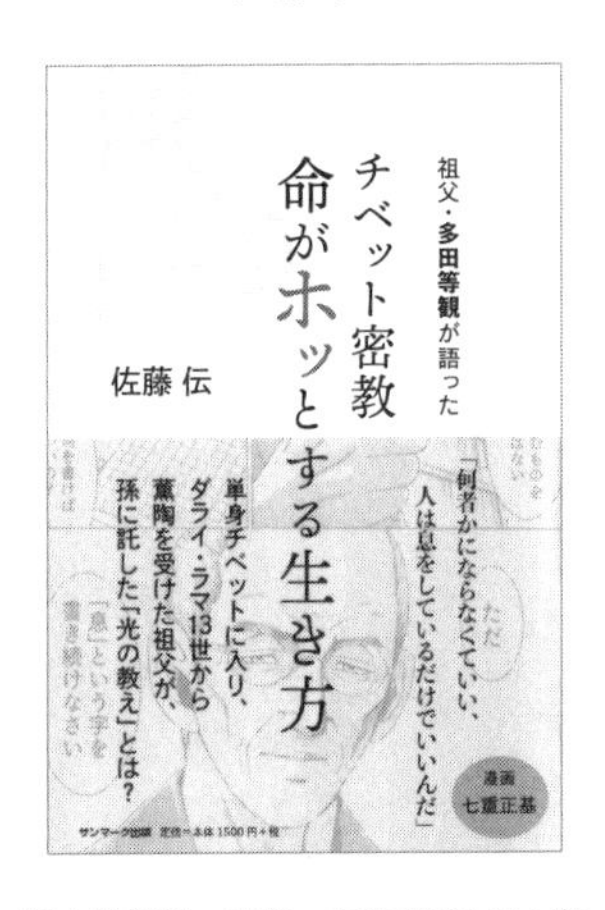

四六判並製　定価＝本体 1500 円＋税

単身チベットに入り、ダライ・ラマ 13 世から
薫陶を受けた祖父が、孫に託した「光の教え」とは？

◎「すべては予定通り。宇宙のシナリオに乗って生きなさい」
　～流れにさからわないで生きるのが宇宙の法則
◎「ホッとするほうへ行け。苦労はドブに捨てていい」
　～苦しい道でなく、楽しい道を選べばいい
◎「苦行などしなくていい。人生は遊行だよ」
　～ 死んでからでなく、生きている今を極楽にせよ
◎「何者かにならなくていい、ただ息をしているだけでいい」
　～自分の心で人生を生き抜く
◎「ありがとうには『ございます』をつけなさい」
　～ミラクルな言葉を言うと、奇跡が起きる

……etc.

電子版は Kindle、楽天〈kobo〉、または iPhone アプリ（iBooks 等）で購読できます。

法則

マクロに発想する

船井幸雄［著］ サンマーク出版編集部［編］

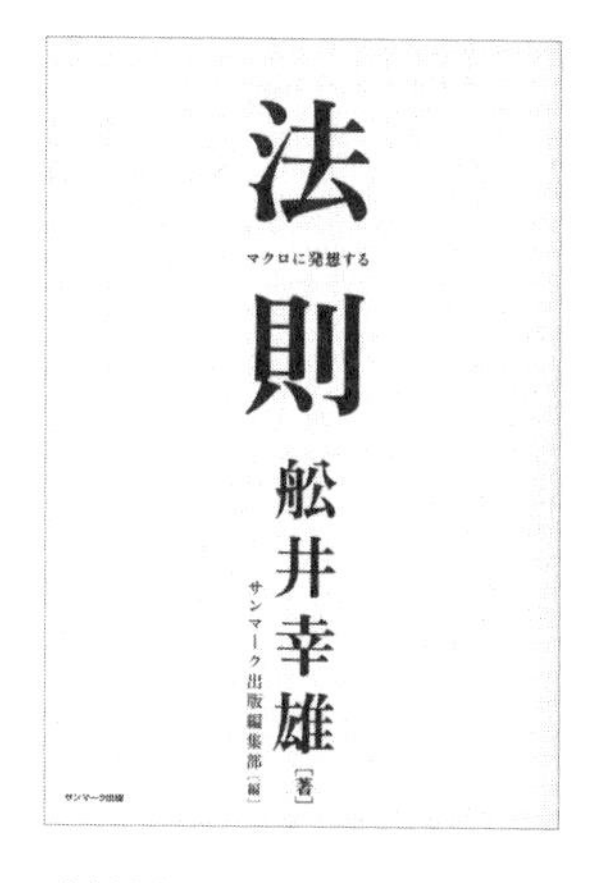

四六判上製　定価＝本体 1600 円＋税

上手に生きるための「ルール」と「コツ」。
〝カリスマ〟が遺した、永久保存版のメッセージ集！

かつて「経営指導の神様」といわれ、カリスマ的な人気を誇った、経営コンサルタントの船井幸雄氏。本書は、50 年以上にわたり人間のあり方、この世のしくみを探究し続けた著者のメッセージをまとめた、〝集大成〟ともいうべき一冊。「生き方」「ツキ」「経営」「天地自然」── 4 つのテーマで、その根底に流れる「法則」をあぶり出します。

電子版は Kindle、楽天〈kobo〉、または iPhone アプリ（iBooks 等）で購読できます。